Armin Fuhrer

1968
Ein Jahr verändert Deutschland

pa•picture alliance

PALM VERLAG

Zwei Studenten sitzen während der Abschlusskundgebung einer Vietnamdemonstration im Mai 1968 mit einem Ho-Chi-Minh-Plakat an einer Gedenkplakette für die Widerstandskämpfer der Gruppe Weiße Rose im Lichthof der Universität München.

WILLI GRAF · PROF. KURT HUBER · HANS LEIPELT
CHRISTOPH PROBST · ALEXANDER SCHMORELL
HANS SCHOLL   SOPHIE SCHOLL

Prolog

50 Jahre ist es nun her, dass in der alten Bundesrepublik, vor allem aber in West-Berlin, Studenten mit Mao-Plakaten auf die Straße gingen, Barrikaden bauten, mit Sit-ins Kreuzungen blockierten, Gebäude des Springer-Verlags attackierten, alle Autoritäten infrage stellten und brave Bürger zu Wutausbrüchen veranlassten. 50 Jahre ist „68" jetzt her, eine lange Zeit in der noch immer recht kurzen Geschichte Nachkriegsdeutschlands. Und tatsächlich hat ein großer Teil der heute lebenden Menschen diese Zeit gar nicht oder nicht bewusst miterlebt: weil sie noch nicht geboren oder noch Kinder waren oder in der DDR lebten. Aber jeder hat verstanden, dass „68" beziehungsweise die „68er" irgendwie die Geschicke der Republik mitgeprägt haben und dass diese Prägung bis heute umstritten ist.

Eine „Revolution" fand in diesem Jahr nicht statt, wiewohl sich manche der radikalen Studenten genau das erhofft hatten. Doch auch wenn damals die Revolution ins Wasser fiel, sind sowohl die Ereignisse von 1968 wie die Wirkungen, die sie anstießen, der Erinnerung wert – denn es blieb ein außergewöhnliches Jahr, vor allem wegen seiner Folgen. Begonnen hatte es eigentlich schon am 2. Juni 1967, an dem Tag, an dem der West-Berliner Polizeibeamte Karl-Heinz Kurras den Studenten Benno Ohnesorg erschoss. Und es endete am 4. November 1968 mit der „Schlacht am Tegeler Weg", ebenfalls in West-Berlin. Diese „Schlacht" zwischen hemmungslos gewalttätigen Demonstranten und Polizeibeamten war ein Endpunkt: Spätestens von nun an verlor die „Bewegung" viele Anhänger, die mit der Radikalität der studentischen Führer nicht mitgehen wollten. Da sich in den Reihen der demonstrierenden Studenten zudem immer mehr Differenzen auftaten, zersplitterte die Studentenbewegung in der Folgezeit in viele Richtungen.

In den wilden und bewegten Monaten zwischen diesen beiden Ereignissen aber vollzogen sich spannende Dinge. Nicht nur in West-Berlin, sondern auch in anderen Universitätsstädten wie Frankfurt am Main, Marburg, Köln oder Göttingen gingen Studenten auf die Straße. Sie demonstrierten gegen den Modernitätsstau in der Gesellschaft und gegen den Unwillen der älteren Generationen, sich mit ihrer nationalsozialistischen Vergangenheit auseinanderzusetzen. Die radikalen Führer dieser Bewegung um den charismatischen Rudi Dutschke glaubten tatsächlich, sie könnten eine Revolution in der Bevölkerung auslösen; sie propagierten rätesozialistische Ziele und sympathisierten mit Massenmördern wie Mao. Diese Bewegung war allerdings keine bundesrepublikanische Erfindung. Sie schwappte von der anderen Seite des Atlantiks herüber. Zuerst waren in den USA Studenten auf die Straße gegangen, und in vielen westlichen Ländern taten es ihnen Gleichaltrige und Gleichgesinnte nach. Doch wie konnte es in der Bundesrepublik dazu kommen? Warum griff die Bewegung nach Westdeutschland über? Gab es Vorboten für diese sich explosionsartig ausbreitende Bewegung, hatte sie Anknüpfungspunkte und wenn ja, welche? Was wollten die jungen Leute eigentlich genau? Was meinten sie, wenn sie gegen das „System" waren, die Bundesrepublik als „faschistisch" verunglimpften, gegen alle Autoritäten kämpften und die „freie Liebe" propagierten? Warum hatten sie diese Vorbehalte gegen die „Alten", ganz nach dem Motto „Trau keinem über 30"? Und wer waren die Protagonisten, die Wortführer, die Aufwiegler? Wer unterstützte sie und wer waren ihre Hauptgegner? Wie kamen sie in der Bevölkerung an?

2018, 50 Jahre danach, ist ein guter Zeitpunkt, die Ereignisse von damals noch einmal Revue passieren zu lassen, sie aus wachsender Distanz einzuordnen und nicht zuletzt ein paar Mythen und Legenden zu hinterfragen. Hierbei helfen insbesondere die zahlreichen Fotografien – Ikonen der Pressefotografie ebenso wie Schnappschüsse –, die in diesen Monaten entstanden. Eine Auswahl davon ist in diesem Buch vereint. Sie gibt einen lebhaften Einblick in das „lange Jahr 1968" und ermöglicht so auch jenen, die es nicht miterlebt haben, dem Geist dieser bewegten Zeit nachzuspüren.

Protestaktion von Kriegsdienstverweigerern
und der Bewegung „Kampf dem Atomtod"
gegen Atomwaffen im September 1958
in Frankfurt

VOM „OHNE MICH" ZUR WELTREVOLUTION

Hatten die 1967 ausbrechenden Proteste der Studenten Vorläufer? Auf den ersten Blick scheint die Antwort klar zu sein. Schließlich gab es schon in den Anfangsjahren der Bundesrepublik die „Ohne-Mich-Bewegung" gegen den Plan von Bundeskanzler Konrad Adenauer zur Wiederbewaffnung und Gründung einer westdeutschen Armee, ebenso wie die Bewegung „Kampf dem Atomtod" und die Ostermarschierer. Allerdings stellen sich zwei Fragen: erstens, ob es sich bei den Protestierern tatsächlich um dieselben gesellschaftlichen Gruppen handelte, die auch 1967/68 ihrem Unmut Ausdruck verliehen; und zweitens, ob Deutschlands Studenten damals schon an führender Stelle mitmachten.

Als der erste deutsche Bundeskanzler schon kurz nach der Gründung des westdeutschen Teilstaates den Aufbau einer eigenen Armee zu verfolgen begann, um so die Verankerung im Westen zu forcieren, entwickelte sich in Teilen der Bevölkerung eine Gegenbewegung. Sie sprach sich dagegen aus, dass nur wenige Jahre nach der Niederlage im Zweiten Weltkrieg und dem Unglück, das Nazi-Deutschland über viele andere Länder gebracht hatte, wieder mit dem Aufbau einer deutschen Armee begonnen wurde. „Ohne Mich" sollte ausdrücken: „Bei der Remilitarisierung mache ich nicht mit!" Wie groß die Bewegung war, die vor allem von linken Gruppen, Gewerkschaften und auch der dann 1956 verbotenen KPD getragen wurde, ist schwer auszumachen. Sie war nie organisiert oder strukturiert und stellte eher einen Ausdruck diffuser Ängste vor einem Dritten Weltkrieg kurze Zeit nach dem Zweiten dar. Wie die Prioritäten in großen Teilen der Bevölkerung tatsächlich verteilt waren, zeigte sich, wenn die Demoskopen nach der Angst vor der Bedrohung durch die Sowjetunion fragten. Hier stimmte die überwiegende Mehrheit mit der Adenauer-Regierung überein. Für den Bundeskanzler stellten die Proteste daher keine Bedrohung dar. Die Union, die die Pläne ihres Vorsitzenden und Bundeskanzlers Adenauer mittrug, kam bei der Bundestagswahl 1953 auf 45,2 Prozent. Die Gesamtdeutsche Volkspartei von Gustav Heinemann dagegen, die strikt gegen die Remilitarisierung war, erreichte nur 1,2 Prozent. Als 1955 die Bundesrepublik der NATO beitrat und im Jahr darauf die allgemeine Wehrpflicht eingeführt wurde und zudem der wirtschaftliche Aufschwung immer weiter Fahrt aufnahm, verlor die Bewegung endgültig ihre Zugkraft.

Adenauer wollte vor dem Hintergrund des Kalten Krieges mehr als nur die Remilitarisierung und den Aufbau der Bundeswehr. Er forcierte bald auch den Plan, die Bundeswehr mit Atomwaffen auszurüsten – und erweckte damit eine neue Bewegung zum Leben. Anfang April 1957 erregte der Bundeskanzler Aufsehen, als er behauptete, taktische Atomwaffen seien „nichts weiter als die Weiterentwicklung der Artillerie". Natürlich müsse die Bundesrepublik auch „in der normalen Bewaffnung die neueste Entwicklung mitmachen". Das war eine Verharmlosung, der nicht nur Kernphysiker widersprachen. Adenauer und sein junger und forscher Verteidigungsminister Franz Josef Strauß von der CSU erweckten in der Öffentlichkeit den Eindruck, die USA und die NATO übten Druck auf Bonn aus, damit die westdeutsche Regierung die Bundeswehr mit Atomwaffen ausrüsten würde. In Wahrheit war es genau umgekehrt – die Bundesregierung drängte darauf, in den Besitz von solchen Waffen zu kommen. Diese Planungen stießen bei einer wachsenden Mehrheit der Bevölkerung auf Ablehnung. Im Frühjahr 1958 sollten sich schließlich 83 Prozent der Westdeutschen laut einer Umfrage des Meinungsforschungsinstituts Emnid gegen das Vorhaben aussprechen; vier Jahre vorher waren es nur 39 Prozent gewesen.

Es entwickelte sich eine breite Bewegung gegen den Plan. Schon eine Woche nach dem Interview Adenauers veröffentlichten bekannte deutsche Atomwissenschaftler den „Göttinger Appell", mit dem sie gegen die geplante Atombewaffnung protestierten. Berühmte Physiker wie Otto Hahn, Werner Heisenberg und Carl Friedrich von Weizsäcker zählten zu den Unterzeichnern. Ihrem Protest folgten bald auch bekannte Geistesgrößen wie Albert Schweitzer, Martin Niemöller und Erich Kästner. Schließlich wuchs dieser Protest bis zum Frühjahr 1958 zu einer großen Bewegung heran. Es gab Mahnwachen, Gottesdienste und Demonstrationen überall in der Bundesrepublik. Im Februar bildete sich ein zentraler Arbeitsausschuss, in dem verschiedene Organisationen von der SPD über den DGB bis zu Teilen der evangelischen Kirche um Heinemann und Niemöller, Gruppen und Einzelpersonen wie Wissenschaftler und Schriftsteller vertreten waren. Wenige Wochen später veröffentlichte der Ausschuss unter dem Titel „Kampf dem Atomtod" einen Aufruf an die Bevölkerung.

Im April 1958 gingen in der ganzen Bundesrepublik Hunderttausende Menschen – Angestellte, Arbeiter, Studenten, Rentner und Hausfrauen – auf die Straßen, um zu protestieren. Allein in Hamburg waren es am 17. April mindestens 120 000, die sich nach einem Sternmarsch vor dem Rathaus versammelten, aber auch in anderen Städten wie Essen, Bremen, München, Mannheim, Kiel und Dortmund kamen die Menschen zu Massenprotesten zusammen. Der Slogan lautete hier ebenfalls: „Kampf dem Atomtod". Unterstützt wurde dieser weitgehend außerparlamentarische Protest von der SPD. Im Bundestag war der Einfluss der Sozialdemokraten gering, seit Konrad Adenauer bei der Bundestagswahl 1957 knapp die absolute Mehrheit für die Union hatte erringen können. Die wortgewandtesten Gegner der Regierung auf der Seite der SPD-Opposition waren ein junger Abgeordneter namens Helmut Schmidt und der Hamburger Erste Bürgermeister Max Brauer. Auf der großen Protestveranstaltung in Hamburg rief Brauer den Menschen vom Balkon des Rathauses zu: „Denn an uns alle ist die Frage gestellt, ob wir den Untergang aller Kultur und den Selbstmord oder ob wir die Rettung des Friedens, die Rettung unserer Frauen, die Rettung unserer Kinder wollen." Auch die bundesweiten Protestaktionen blieben erfolglos, denn kurz zuvor, am 25. März 1958, hatte der Bundestag mit der Mehrheit von CDU und CSU die Aufstellung der Atomwaffen in der Bundesrepublik unter dem Oberbefehl der NATO gebilligt.

Als die CDU im Juni 1958 deutlich die Landtagswahl in Nordrhein-Westfalen gewann und die SPD kurze Zeit später mit ihrem Plan einer Volksbefragung vor dem Bundesverfassungsgericht in Karlsruhe scheiterte, zogen sich die Sozialdemokraten aus der Bewegung zurück. Daraufhin fiel die Bewegung „Kampf dem Atomtod" bis zum folgenden Winter in sich zusammen. Dass für viele Bundesbürger die Frage der atomaren Bewaffnung nicht im Mittelpunkt des Interesses stand, wie deren Gegner hofften, hatte schon das Ergebnis der Bundestagswahl von 1957 gezeigt: Mit 50,2 Prozent gewannen CDU und CSU bei der Bundestagswahl die absolute Mehrheit. Es war das erste und bisher einzige Mal in der Geschichte der Bundesrepublik und des wiedervereinigten Deutschlands, dass dies einer Partei gelang.

Der Einsatz Friedensbewegter gegen die atomare Bewaffnung war trotz des Abflauens der Bewegung „Kampf dem Atomtod" aber nicht zu Ende. Der Anstoß zu einem neuen Anlauf kam diesmal von außen. Just 1958 organisierte in Großbritannien das *Direct Ac-*

tion Committee Against Nuclear War einen Protestmarsch gegen die britische Aufrüstung mit Atomwaffen. Der Marsch fand zu Ostern statt. In den nächsten Jahren folgten in mehreren westeuropäischen Ländern Friedensaktivisten diesem Beispiel. Nach Deutschland sprang der Funke Ostern 1960 über. Aus vier norddeutschen Städten – Braunschweig, Hamburg, Bremen und Hannover – brachen kleine Gruppen zum NATO-Truppenübungsplatz Bergen-Hohne bei Celle auf, um gegen die dort seit Kurzem stationierten NATO-Atomsprengköpfe zu demonstrieren. Auf dem Weg schlossen sich immer mehr Menschen den Demonstranten an, sodass schließlich 1000 Personen an der Abschlusskundgebung teilnahmen.

Vergleichbare Aktionen wurden von nun an jedes Jahr in einer wachsenden Zahl von Städten wiederholt. 1963 gab sich die Bewegung offiziell den Namen „Kampagne für Abrüstung". Zu ihren Anhängern gehörten zahlreiche Prominente aus unterschiedlichen Bereichen der Gesellschaft, darunter James Krüss, Hans Magnus Enzensberger, Erich Kästner, Martin Niemöller, Ernst Rowohlt und Helmut Gollwitzer. Die Ostermarschierer setzten sich vor allem aus Pazifisten, Rüstungsgegnern und Linken zusammen und bis 1968, als die Kampagne ihren Höhepunkt erlebte, stieg ihre Zahl auf 300 000. Ebenso wuchs die Basis ihrer Forderungen, die – wie jene der Studentenbewegung – zum Beispiel Kritik an den geplanten Notstandsgesetzen einschloss. 1968 aber war der Höhepunkt der Mobilisierung erreicht. Es kam zu internen Streitigkeiten und 1970 wurden alle Aktionen eingestellt. Erst im Zuge der Protestbewegung gegen den NATO-Doppelbeschluss von 1979, der unter anderem die Aufstellung neuer Atomraketen in Westeuropa vorsah, wurden erneut Ostermärsche veranstaltet.

Waren die Bewegungen „Ohne Mich" und „Kampf dem Atomtod" sowie die Ostermarschierer nun also Vorläufer der Studentenbewegung? Eingeschränkt kann dies bejaht werden, denn es gab Massenproteste, bei denen Menschen auf die Straße gingen, um für ihre Ziele und gegen die offizielle Politik zu demonstrieren. Allerdings führt keineswegs eine gerade Linie von den Protestaktionen der Jahre 1954–1956, 1957/58 und 1960–1968 bis zur Studentenbewegung. Denn die Zusammensetzungen der Bewegungen waren ebenso unterschiedlich wie ihre Forderungen und Methoden. Gingen in den 1950er-Jahren Menschen aus allen Bevölkerungskreisen und Altersklassen sowie aus verschiedenen politischen und gesellschaftlichen Gruppen im Kampf gegen die Remilitarisierung und den befürchteten Atomkrieg zusammen auf die Straße, so waren es zehn Jahre später fast ausschließlich Teile der akademischen Jugend. In den 1950er-Jahren galten Deutschlands Studenten als zurückhaltend und skeptisch gegenüber jeglichen Arten von „Bewegungen" – eine Folge der Ereignisse zwischen 1933 und 1945. Sie wurden auch als die „schweigende Generation" bezeichnet und zogen sich weitgehend ins Unpolitische zurück. Dieser Rückzug ging so weit, dass damals sogar aus der Professorenschaft Aufrufe laut wurden, sich stärker politisch zu engagieren. So schrieb bei der Immatrikulationsfeier 1958 an der Universität Hamburg der Professor und spätere SPD-Bundeswirtschaftsminister Karl Schiller den Studenten ins Stammbuch: „Denken Sie bei Ihrem Studium nicht an die Besoldungsordnung Ihrer Berufe von morgen. Sie haben allein hier und später nie wieder die Chance, sich mit vielem zu beschäftigen." Und noch 1965 beklagte der Bildungspolitiker Ludwig von Friedeburg, dass die Studenten angepasst seien, die Welt ohne Alternativen sähen, sich nicht engagierten und ihr persönliches Glück im Familienleben und in der Berufskarriere suchten. Sein Fazit lautete: „In der modernen Gesellschaft bilden Studenten kaum mehr ein Ferment produktiver Unruhe." Ein weiterer Unterschied zwischen der 68er-Bewegung und den vorhergehenden Aktionen bestand in ihrem Ziel: Der frühere Protest galt einem spezifischen Thema – der Remilitarisierung und Atombewaffnung. An so etwas wie eine Weltrevolution dachten die damaligen Demonstranten nicht. Das sah 1968 ganz anders aus – jetzt richtete sich der Protest gegen die gesellschaftlichen und als undemokratisch empfundenen Zustände im Allgemeinen.

Bundeskanzler Adenauer besucht am 20. Januar 1956 die neuen deutschen Streitkräfte in Andernach am Rhein.

Nie wieder Krieg – mit der gegen die Wiederbewaffnung gerichteten „Ohne-Mich-Bewegung" begann in der Bundesrepublik die Friedensbewegung.

Mit der Unterzeichnung der Pariser Verträge durch die Westmächte im Oktober 1954 waren die Voraussetzungen für die deutsche Wiederbewaffnung geschaffen. Die Bundesrepublik erhielt weitgehende Souveränität und trat der NATO sowie der Westeuropäischen Union bei.

Mitglieder der bayerischen Gewerkschaftsjugend fahren zum Protest gegen die Wiederaufrüstung der Bundesrepublik am 20. November 1954 durch München.

Eine Ehrenkompanie der US-Armee führt bayerischen Regierungsmitgliedern am 9. November 1954 in München eine 28-cm-Atomkanone vor.

Der Atomphysiker Werner Heisenberg und Franz Josef Strauß, Bundesminister für Atomfragen, vor einer Diskussionsrunde des Hessischen Rundfunks zum Thema Atomforschung in der Bundesrepublik im Dezember 1955

Der junge SPD-Abgeordnete Helmut Schmidt spricht sich in der Atomdebatte im März 1958 im Deutschen Bundestag gegen die atomare Aufrüstung der Bundeswehr aus.

Demonstration der Bewegung „Kampf dem Atomtod": Am 17. April 1958 protestierten 150 000 Menschen auf dem Hamburger Rathausmarkt gegen die Pläne der Bundesregierung, die Bundeswehr mit Atomwaffen auszustatten.

Atomwaffengegner am 17. April 1958 in Hamburg

Dem im März 1958 gegründeten „Komitee gegen Atomrüstung" schlossen sich zahlreiche prominente Persönlichkeiten an, darunter Schriftsteller wie Ingeborg Bachmann, Günter Eich und Erich Kästner.

Angehörige der Sozialistischen Jugend Deutschlands – Die Falken tragen zu der Demonstration zum 1. Mai 1958 auf der Tauentzienstraße in West-Berlin ein Transparent mit der Losung „Kampf dem Atomtod!".

Der Ostermarsch von Atomwaffengegnern zum NATO-Truppenübungsplatz Bergen-Hohne im April 1960 leitete eine Reihe jährlich wiederkehrender Protestaktionen ein.

EIN
STUDENTENLEBEN
FÜR DEN
SCHAH

Benno Opfer
seines Gewissen

Der Vorsitzende des SDS an der Technischen
Hochschule Stuttgart, Uli Österle, hält am 5. Juni
1967 am Stuttgarter Schillerplatz eine Ansprache.
Der Tod Benno Ohnesorgs bei einer Anti-Schah-
Demonstration am 2. Juni 1967 löste bundesweit
eine Protestwelle unter den Studenten aus.

WIE ALLES BEGANN: DER 2. JUNI 1967

Der 2. Juni 1967 war ein schöner und milder Frühsommertag. Die Sonne strahlte am Himmel über Berlin. Und doch lag wohl schon vormittags eine gewisse Spannung über dem Westteil der ehemaligen Reichshauptstadt. Hoher Besuch hatte sich angesagt: Schah Mohammed Reza Pahlavi von Persien und seine junge, schöne Frau Farah Diba. Für die Klatschpresse und ihre Leser war das ein großes Ereignis. Während die einen sich über den Glamour freuten, den das Paar nach West-Berlin bringen würde, waren andere weniger erfreut über den Besuch – die Polizei nicht und die noch überschaubare Zahl der Schah-Kritiker auch nicht. West-Berlins Polizeipräsident Erich Duensing hatte aufmerksam die Ereignisse rund um die Besuche des kaiserlichen Paares in Nordrhein-Westfalen und in Bayern in den Tagen zuvor beobachtet. Dort hatten die Behörden mit unverhältnismäßigen und kostenintensiven Sicherheitsmaßnahmen viel Kritik in der Bevölkerung provoziert. Tatsächlich hatte es dort überhaupt keine besondere Gefährdungslage gegeben.

Das sah in West-Berlin etwas anders aus, denn hier waren der Polizei Gerüchte über einen möglichen Attentatsversuch auf den Besucher zu Ohren gekommen. Seinen Kritikern, darunter oppositionellen, in Deutschland lebenden Iranern, galt der Schah mit gutem Recht als Diktator, für den rechtsstaatliche Grundsätze keine Bedeutung besaßen und der seine Kritiker brutal unterdrücken, ermorden oder ins Gefängnis werfen ließ. Berlins

Regierender Bürgermeister Heinrich Albertz, Innensenator Wolfgang Büsch und Duensing – alle drei gehörten der SPD an – wollten jegliche Gefährdung des prominenten Besucherpaares und mögliche Störungen des Besuchs unbedingt verhindern. Der Schah und seine Frau trafen gegen zwölf Uhr am Rathaus Schöneberg ein, wo sie von Albertz offiziell empfangen werden sollten. Auf dem John-F.-Kennedy-Platz vor dem Gebäude hatten sich 2000 bis 3000 Menschen versammelt, darunter rund 400 studentische Demonstranten. Sie wurden durch Absperrgitter daran gehindert, zum Eingang zu gelangen. Kurz bevor der Schah eintraf, machten zwei Busse der Berliner Verkehrsbetriebe halt, aus denen etwa 80 Personen ausstiegen. Dabei handelte es sich um Schah-treue Iraner, die von Ali Ghazi, einem Mitarbeiter der iranischen Botschaft, im Auftrag der Regierung herbeigeschafft worden waren, um dem Schah zuzujubeln – und deshalb „Jubelperser" genannt wurden. Als das Herrscherpaar eintraf, wurde es ebenso mit lautem Jubel wie mit Protestrufen empfangen, Plakate mit Aufschriften wie „Der Mörder des persischen Volkes" wurden in die Luft gehalten.

Spannung lag also in der Luft, doch dann geschah etwas, womit weder die friedlichen Demonstranten noch die Polizei gerechnet hatten. Offenbar auf Befehl Ghazis versuchten die Iraner, mit Holzlatten gegen friedliche Demonstranten und Schaulustige vorzugehen. Aus „Jubelpersern" wurden „Prügelperser", einige Menschen wurden leicht verletzt. Die Absperrgitter verhinderten, dass die Schläger mehr Schaden anrichten konnten. Die Polizeibeamten schauten allerdings etwa drei Minuten tatenlos zu, ehe sie einschritten. Während die Täter davonkamen, verhaftete die Polizei fünf Studenten, darunter mit Christian Semler einen führenden Kopf des Sozialistischen Deutschen Studentenbunds (SDS). Die Ereignisse sprachen sich schnell herum. Für die radikalen Studenten stand der Verdacht im Raum, dass Senat und Polizeiführung die „Prügelperser" bewusst hatten agieren lassen. Nach allem, was heute bekannt ist, kann davon keine Rede sein. Richtig ist aber, dass die Polizeiführung bei diesem Einsatz versagte. Und es sollte noch viel schlimmer kommen.

Der Empfang bei Albertz am Mittag war nur eine von zwei Gelegenheiten, die der SDS für eine Demonstration nutzen wollte; die andere folgte am Abend dieses 2. Juni. In der Deutschen Oper in Charlottenburg wurde Mozarts *Zauberflöte* gegeben. Neben dem normalen Publikum sollten auch der Schah, Albertz sowie Bundespräsident Heinrich Lübke gemeinsam mit ihren Frauen der Aufführung beiwohnen. Vor der Deutschen Oper fanden sich wieder Schaulustige ein, die einen Blick auf das kaiserliche Paar erhaschen wollten – und dazu studentische Demonstranten. Die Oper an der Bismarckstraße, die immerhin etwa 30 Meter breit ist, war mit Hamburger Reitern abgesperrt. Dahinter hatte ein Kordon von Schutzpolizisten Aufstellung genommen. Nur der Gehweg auf der gegenüberliegenden Straßenseite blieb für die Demonstranten offen, nicht tiefer als sechs Meter. Dahinter befand sich eine Brache, die mit einem Bauzaun aus Holz abgesichert war. Polizisten hatten hier Stellung bezogen, um zu verhindern, dass Demonstranten sich auf dieser Brache mit Wurfgeschossen versorgen konnten. Nach der damals offiziellen Schätzung der Polizei hielten sich in diesem engen Areal etwa 2000 bis 3000 Personen auf; tatsächlich dürften es aber nur etwa halb so viele gewesen sein. Unbestritten ist hingegen, dass die Menge diesmal überwiegend aus Studenten bestand – und diese waren nicht gekommen, um das Glamour-Paar einmal aus unmittelbarer Nähe zu erleben. Sie wollten ihren Protest gegen die Folter- und Unterdrückungsmethoden des Schahs ausdrücken.

Während sie auf das Eintreffen der Besucher warteten, besprachen die Studenten die Ereignisse vom Mittag; gleichwohl war die Lage zunächst entspannt. Doch kurz nachdem wiederum die Busse mit den „Jubelpersern" eingetroffen waren, die von der Polizei sofort an den Rand gedrängt wurden, begannen die Demonstranten laut zu werden. Eier, Tomaten, Farbbeutel, Rauchbomben flogen in Richtung der Polizisten, dann auch vereinzelt Steine. Rufe wie „Schah-Schah-Schaschlik" und „Mörder" erklangen, begleitet von einem schrillen Konzert von Trillerpfeifen. Polizisten holten tatsächliche oder vermeintliche Rädelsführer aus der Menge. Unter den Demonstranten befanden sich unter anderem die Mitglieder der berühmten Kommune I, Rainer Langhans und Fritz Teufel, sowie der spätere RAF-Terrorist Jan-Carl Raspe. Ein unbekannter junger Mann hielt sich mit seiner schwangeren Frau ebenfalls in der Menge auf: Benno Ohnesorg. Er sollte die Nacht nicht überleben.

Als das Kaiserpaar in seiner schweren Limousine von Schloss Charlottenburg kommend die Oper erreicht hatte und aus dem Wagen stieg, steigerte sich der Lärm der Demonstranten nochmals gewaltig. „Ich sah, wie die Hölle losbrach", erinnerte sich später der Redakteur der *Berliner Morgenpost*, Michael Ludwig Müller, der an diesem Abend vor Ort war. Die Wurfgeschosse konnten die prominenten Staatsbesucher nicht erreichen, weil der Wagen direkt bis vor die Eingangstür der Oper fuhr. Die Polizeibeamten aber standen in Schussweite – einer brach von einem Stein an der Stirn getroffen stark blutend zusammen. Als alle wichtigen Gäste in der Oper verschwunden waren, ließ der Lärm nach. Alles sprach dafür, dass sich die Menge nun bald friedlich auflösen würde. Die Aufführung der *Zauberflöte* sollte dreieinhalb Stunden dauern und selbst für einen stark aufgebrachten Demonstranten war dies eine zu lange Wartezeit. Doch dann gab Duensing den Befehl, den Platz zu räumen. Unmittelbar zuvor hatte ihm Albertz wütend zugeraunt: „Wenn ich herauskomme, ist alles sauber."

Der Radioreporter Erich Nieswandt, ebenfalls ein Augenzeuge, berichtete später: „Dann begann also ohne vorherige Ankündigung der Einsatz von Polizisten, die in die Mitte hineingingen." Tatsächlich war der Polizei ein schwerer Fehler unterlaufen, denn sie hatte bereits mit der Räumung begonnen, ehe sie die vor der Oper versammelten Menschen dazu aufforderte, den Platz zu verlassen. Kaum war der Befehl „Knüppel frei" ertönt, stürmten die Polizisten auf die völlig überraschten Studenten los. Sie schlugen hemmungslos auf sie ein, einige der Opfer wurden regelrecht misshandelt, darunter Teufel und Langhans. Die Angegriffenen konnten nicht zurückweichen in dem schmalen Raum zwischen dem Zaun zur Brache und der Absperrung. So blieb nur die Flucht zu den Seiten. Duensing erklärte später mit einem zynischen Vergleich, dass dieses Vorgehen Taktik gewesen sei: „Nehmen wir die Demonstranten als Leberwurst, nicht wahr, dann müssen wir in die Mitte hineinstechen, damit sie an den Enden auseinanderplatzt."

Ein Teil der Fliehenden rannte in Richtung Krumme Straße, die etwa 100 Meter entfernt liegt. Zu ihnen gehörte auch der Student Benno Ohnesorg, ein friedliebender und nachdenklicher junger Mann, dem jede Anwendung von Gewalt völlig fernlag. Seine Frau Christa war kurz zuvor nach Hause gegangen. Ohnesorg lief zusammen mit ein paar anderen Studenten auf das Grundstück Krumme Straße 66/67 – ein Wohnhaus auf Stelzen, unter dem sich ein Parkplatz befand, und dahinter ein Innenhof, aus dem es kein Entrinnen gab. Polizeibeamte, die den Flüchtenden gefolgt waren, prügelten auf die Studenten ein. Unter den Beamten war ein Mann in einem braunen Zivilanzug, Mitglied der Abteilung 1 der Berliner Polizei, die für den Staatsschutz zuständig war: Karl-Heinz Kurras. Es entstand ein Getümmel, plötzlich fiel ein Schuss und Ohnesorg brach zusammen. Offenbar hatte zunächst niemand einen Zusammenhang zwischen Schuss und Zusammenbruch gesehen, weder die anwesenden Polizeibeamten, die sogar noch weiter auf den zu Boden gesunkenen Ohnesorg einschlugen, noch andere Studenten, Passanten oder die Studentin Friederike Dollinger, die sich um den Verletzten kümmerte. Dass der junge Mann schwer verletzt war, ließ sich aber nicht übersehen: „Auch ein Laie konnte sehen, dass sich der Schwerverletzte in Lebensgefahr befand", erinnerte sich der *Morgenpost*-Reporter Michael Ludwig Müller.

Dass es Kurras war, der geschossen hatte, stand ebenso außer Frage; der 39-Jährige, ein ausgewiesener Waffennarr, bestritt dies auch gar nicht. Den Vorgesetzten war klar, dass dieser Schuss niemals hätte abgefeuert werden dürfen. Kurras wurde sofort nach Tempelhof ins Polizeipräsidium beordert. Er behauptete, er sei angegriffen worden, habe um sein Leben gefürchtet und daher aus Notwehr geschossen. Nichts spricht dafür, dass sich die Szene tatsächlich so abgespielt hatte, zumal das Opfer am Hinterkopf getroffen worden war. Dass Kurras

vorsätzlich gehandelt hatte, konnte ihm allerdings später in zwei Gerichtsverfahren nicht nachgewiesen werden. Aus Mangel an Beweisen mussten die Richter den Schützen freisprechen.

Der schwer verletzte Ohnesorg wurde im Notarztwagen in ein Krankenhaus gebracht, nachdem er in mehreren Kliniken, deren Notaufnahmen aufgrund der vielen verletzten Demonstranten bereits überlastet waren, abgewiesen worden war. Da noch niemand erkannt hatte, dass es sich bei seiner Kopfverletzung um eine Schusswunde handelte, erkannte auch niemand seinen lebensbedrohlichen Zustand. Nach 40-minütiger Irrfahrt wurde er im Krankenhaus Moabit aufgenommen und operiert. Er verstarb noch in derselben Nacht, kurze Zeit nach der Operation – anderen Berichten zufolge wurde er bereits tot im Krankenhaus eingeliefert. Viele Mythen ranken sich um seinen Tod, zum Beispiel die, dass die Ärzte das Stück Schädeldecke mit dem Einschussloch abtrennten und wegwarfen. Doch bei nüchterner Betrachtung ist klar: Weder war das Leben des Patienten zu retten, noch wollten die Ärzte Spuren beseitigen, um die Polizei zu schützen, wie die radikalen Studentenführer behaupteten.

Noch in der Nacht ließ Albertz, ohne genaue Informationen zu haben, eine harsche Pressemeldung veröffentlichen, in der er einzig den Studenten die Schuld an den Ereignissen und dem Tod ihres Kommilitonen gab. Später bereute er diese Erklärung. Als Folge der Ereignisse in der Nacht des 2. Juni traten später sowohl Albertz wie Innensenator Büsch zurück; Duensing wurde beurlaubt und kehrte nicht mehr auf seinen Posten zurück. Die radikalen Studenten glaubten, der brutale Einsatz der Polizei sei eine lange zuvor festgelegte „Notstandsübung" gewesen, mit der sie ihre Macht habe demonstrieren wollen. Viele Veteranen der 68er mögen sich bis heute nicht von solchen lieb gewonnenen Vorurteilen lösen. Doch es gibt keinerlei Belege für diese Vermutung. Erst im Jahr 2009 wurde bekannt, dass der Todesschütze Karl-Heinz Kurras, der der Studentenbewegung als Sinnbild eines stramm rechtsgerichteten Polizisten und Vertreter des vermeintlich „faschistischen" Staates galt, in Wahrheit schon seit zwölf Jahren ein Spitzel des Staatssicherheitsdienstes der DDR war. Trotz Ungereimtheiten und einer offensichtlich ausgedünnten Stasi-Akte gibt es allerdings ebenso wenig Beweise dafür, dass Kurras im Auftrag Ost-Berlins gehandelt hat, als er Ohnesorg erschoss.

Kaiserin Farah Diba wird am 2. Juni 1967 vor dem Rathaus Schöneberg von Dutzenden „Jubelpersern" begrüßt. Schah Mohammed Reza Pahlavi und seine Gemahlin machten während ihrer Deutschlandreise auch Station in Berlin.

Der persische Kaiser trägt sich in das Goldene Buch der Stadt Berlin im Rathaus Schöneberg ein. Hinter ihm steht der Regierende Bürgermeister Heinrich Albertz.

Vor dem Rathaus demonstrieren auf Initiative des SDS Hunderte Studenten gegen den despotischen Herrscher – zunächst friedlich, bis die „Jubelperser" auf sie losgehen.

Vor der Deutschen Oper in der Bismarckstraße in Charlottenburg nehmen die Ereignisse um den
Schahbesuch eine dramatische Wendung.

Am Abend des 2. Juni sieht sich das Kaiserpaar mit Bürgermeister Heinrich Albertz, Bundespräsident Heinrich Lübke und seiner Frau in
der Deutschen Oper eine Aufführung der *Zauberflöte* an.

Gegenüber der Oper versammeln sich erneut Hunderte Schaulustige und Demonstranten. Diesmal kommt es zu schweren Auseinandersetzungen mit der Polizei.

Die Polizeibeamten gehen brutal gegen die Demonstranten vor, zahlreiche Studenten werden verletzt.

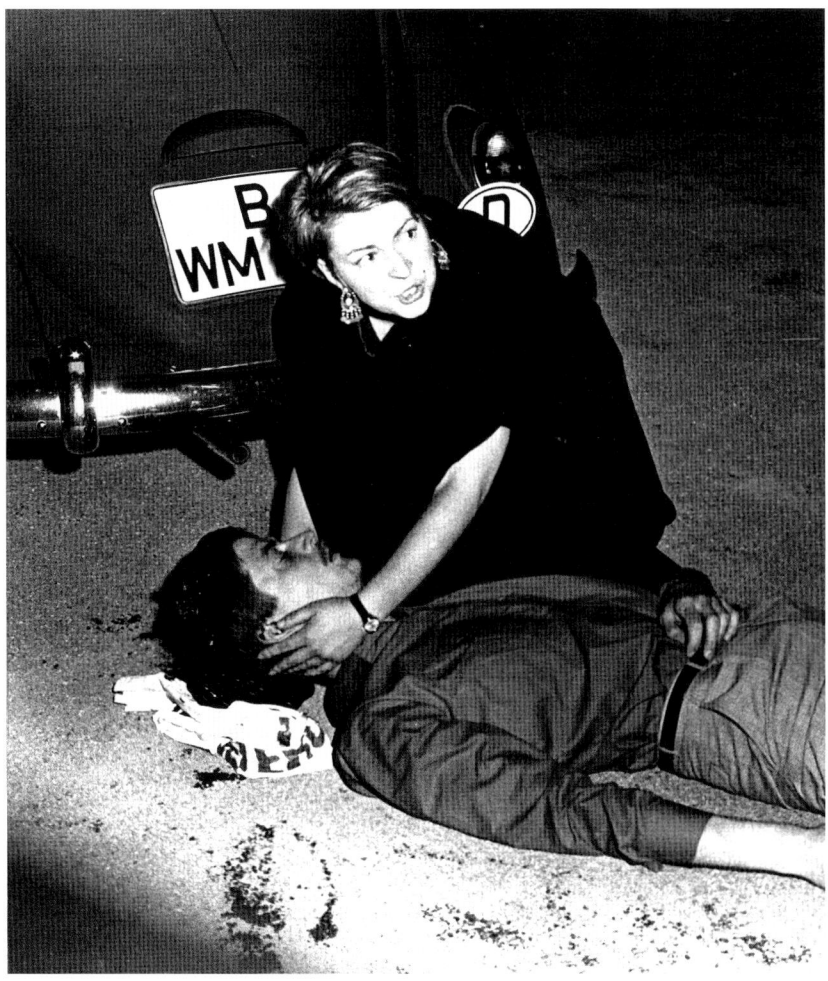

Der Student Benno Ohnesorg wird bei den Ausschreitungen von dem Polizisten
Karl-Heinz Kurras angeschossen.

Sanitäter bringen den Schwerverletzten in ein Krankenhaus, kurze Zeit später stirbt er.

Ein Student legt am 4. Juni vor dem Grundstück Krumme Straße 66/67, wo Benno Ohnesorg getötet wurde, Blumen nieder.

Demonstration anlässlich des Tods von Benno Ohnesorg am 5. Juni in München

10 000 Menschen ziehen am 9. Juni in einem Trauermarsch für Benno Ohnesorg durch Hannover.

Ein Trauerkonvoi von rund 120 Wagen geleitet die sterblichen Überreste von Benno Ohnesorg in seine Heimatstadt Hannover.

Polizeipräsident Erich Duensing (l.)
und der Kommandeur der Schutzpo-
lizei, Hans-Ulrich Werner, während
einer Sitzung des Untersuchungs-
ausschusses des Berliner Senats
zu den Ereignissen des 2. Juni. Der
Polizeichef kehrte nach den Vorfällen
nicht mehr auf seinen Posten zurück.

Der Todesschütze Karl-Heinz Kurras vor Beginn seines ersten Strafprozesses am 3. November 1967 im Landgericht Berlin,
ein zweiter Prozess folgte 1970. Beide Verfahren endeten mit einem Freispruch.

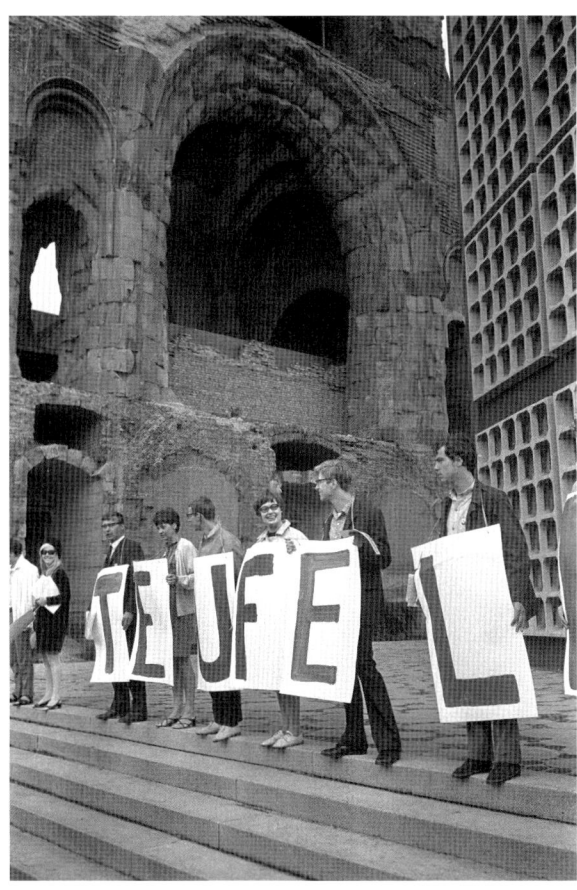

Vertreter von 15 Studentenschaften aus der Bundesrepublik, der Schweiz, Frankreich, Belgien und den Niederlanden fordern am 5. August 1967 die Freilassung von Fritz Teufel. Der Student und bekannte Kommunarde war bei den Ausschreitungen am 2. Juni als vermeintlicher Rädelsführer festgenommen worden.

Fritz Teufel am 22. Dezember 1967 nach seinem Freispruch im Landgericht in Moabit, links neben ihm Rudi Dutschke

Arbeiter und Studenten bei einer Demonstration gegen die Regierung de Gaulle im Mai 1968 in Paris

DER TRAUM VON DER WELTREVOLUTION

Der Schuss in Benno Ohnesorgs Kopf war ein Schuss, der viele traf. Zahlreiche Studenten, die dem Treiben einer kleinen radikalen Minderheit bis dahin weitgehendes Desinteresse entgegengebracht hatten, schlossen sich ihr jetzt für eine kurze Zeit an. Stellvertretend für sie stand Friederike Dollinger, die Medizinstudentin, die sich am Abend des 2. Juni von der Oper kommend als Erste um den Schwerverletzten gekümmert hatte. „Ich dachte, ich schaue dem Faschismus ins Gesicht", sagte sie später, als sie sich an ihre Empfindungen an diesem Abend erinnerte. Der Tod Ohnesorgs setzte in der studentischen Szene an vielen westdeutschen Universitäten Kräfte frei, die bald zu einer Bewegung wurden. Obwohl es bereits seit mehr als zwei Jahren erste Aktionen gegeben hatte, wurde der Schuss aus der Pistole von Karl-Heinz Kurras so zum Startschuss der Studentenbewegung. Insofern könnte man, was die Bundesrepublik betrifft, mit ebenso gutem Recht von den „67ern" sprechen wie von den „68ern".

Dabei konnten sich die Studenten in West-Berlin, Frankfurt und anderen Städten als Teil einer größeren internationalen Bewegung fühlen, die viele Länder der westlichen Welt erfasste und sogar bis in den von der Sowjetunion beherrschten Ostblock hineinreichte. Die Beweggründe für das Aufbegehren der Studenten seit Anfang der 1960er-Jahre waren allerdings durchaus unterschiedlich. Die Keimzelle, der Anfang von allem, lag in den USA. An der Universität Berkeley kämpften Studenten seit 1964 um ihr Recht auf freie Meinungsäußerung – ein Kampf, der bald auf andere Universitäten in großen Teilen des Landes übergriff und sich schließlich zu einem allgemeinen Aufbegehren vieler Studenten ausweitete. Andere Länder wie Italien, Japan, Frankreich und die Bundesrepublik folgten. Vor allem in Frankreich erfasste die Bewegung im Mai 1968 weit über die Studentenschaft hinaus auch die Arbeiterschaft. Es kam zu wilden Streiks, die das Land an den Rand des Chaos brachten. In anderen Ländern wie Deutschland blieb sie dagegen überwiegend auf das studentische Milieu begrenzt. Bei aller Unterschiedlichkeit der Gründe verband die Aufbegehrenden jedoch ein gemeinsames Anliegen: der Protest gegen den Krieg, den die USA gegen das kommunistische Nordvietnam führten und der seit dem groß angelegten Überraschungsangriff nordvietnamesischer Truppen im Januar 1968 (TET-Offensive) eskalierte. Von Washington über Tokio und Paris bis nach West-Berlin kam es zu Demonstrationen gegen den Vietnamkrieg. Während der Protest in der westlichen Welt von linken Gruppierungen getragen wurde und antikapitalistisch war, kam es im von der Sowjetunion beherrschten Ostblock zu Protesten gegen die kommunistischen Regime. Viele Hoffnungen richteten sich auf die Tschechoslowakei, wo Alexander Dubcek während des „Prager Frühlings" einen „Sozialismus mit menschlichem Antlitz" schaffen wollte; der Versuch wurde schließlich im

August 1968 von sowjetischen Panzern niederge-walzt.

In der Bundesrepublik gingen die studentischen Proteste gegen den Vietnamkrieg seit 1965 zunächst von West-Berlin aus. „Vietnam" war aber nur ein Motiv für das studentische Aufbegehren. Im Mittelpunkt der Kritik standen anfangs hochschulpolitische Fragen. Die engagierten Studenten forderten eine Reform des Hochschulwesens und mehr Mitspracherechte. Tatsächlich war das deutsche Hochschulwesen stark reformbedürftig, dieser Meinung stimmten selbst Kritiker bis ins konservative Lager zu. „Unter den Talaren – Muff von 1000 Jahren" – der erstmals von Studenten an der Universität Hamburg verwendete Spruch verlieh diesem Protest einen einprägsamen Ausdruck. Der Forderungskatalog wurde rasch länger. Schon nach kurzer Zeit ging es nicht mehr nur um die Hochschulen, sondern um gesamtgesellschaftliche Themen. In den Fokus rückten die seit Jahren diskutierten Notstandsgesetze, die 1968 von der Großen Koalition aus Union und SPD unter Bundeskanzler Kurt Georg Kiesinger (CDU) verabschiedet wurden. Die Kritik an diesen Gesetzen, die im Fall von Krisensituationen auch die Einschränkung von bürgerlichen Grundrechten vorsahen, war völlig überzogen, trotzdem – oder gerade deshalb – mobilisierte sie zahlreiche Gegner. Zwischen den aufbegehrenden Studenten einerseits und dem, was diese als „Establishment" bezeichneten, zog sich ein breiter werdender Graben: Die Studenten stellten immer stärker all die Konventionen infrage, die sich in der von ihnen als rückständig, konservativ und restaurativ empfundenen Bundesrepublik seit dem Ende des Krieges etabliert hatten.

Einen besonderen Kritikpunkt konnte es aufgrund der spezifischen jüngeren deutschen Geschichte in dieser Weise nur hierzulande geben: die Aufarbeitung der nationalsozialistischen Vergangenheit. Tatsächlich hatte es beim Aufbau Westdeutschlands schwere Versäumnisse gegeben, als alte, NS-belastete Eliten wieder in hohe Positionen rückten – ganz so, als habe es die Grauen und Geschehnisse des Dritten Reiches nie gegeben. In den Aufbaujahren der Bundesrepublik, in den Jahren des Wirtschaftswunders, wollte der größte Teil der Menschen nichts hören von den Verbrechen der Vergangenheit. Es ging um Aufbau, nicht um Rückschau. Die jungen Menschen, die jetzt an die Universitäten strömten, waren die erste Generation, die selbst nicht NS-belastet war. Sie wollten wissen, was ihre Eltern- und Großelterngeneration in der Zeit des Nationalsozialismus getan hatte, wofür sie verantwortlich war. Keineswegs aber war man, wie die Apologeten der 68er bis heute behaupten, vor dem Aufbegehren der Studenten in Sachen Aufarbeitung des Nationalsozialismus völlig untätig geblieben, wie schon die Frankfurter Auschwitz-Prozesse Mitte der 1960er-Jahre zeigen. Selbst Wohlmeinende schreckte zudem die moralische Selbstgefälligkeit ab, mit der die Kritik am „Establishment" vorgetragen wurde. Zu den publizistischen Organen der Studentenbewegung, die sich – angesichts der in Bonn regierenden Großen Koalition und der Mini-Opposition, die nur aus der FDP bestand – bald als „außerparlamentarische Opposition" (APO) empfand, gehörte das 1965 von Hans Magnus Enzensberger und Karl Markus Michel gegründete *Kursbuch* und die (verdeckt von der DDR finanzierte) Zeitschrift *konkret*, für die unter anderem die Journalistin und spätere Terroristin Ulrike Meinhof sowie Klaus Rainer Röhl schrieben.

Ein Sammelbecken für die radikalen Studenten wurde der Sozialistische Deutsche Studentenbund (SDS). Gegründet 1946 als SPD-nahe Organisation, entwickelte sich der Bund immer weiter nach links, sodass die SPD 1961 schließlich einen Unvereinbarkeitsbeschluss erließ und alle SDS-Mitglieder aus der Partei ausschloss. Seit etwa 1965 wandelte er sich zunehmend zu einem antiautoritären Verband, der sich selbst als undogmatisch links sah. Allerdings war das Verhältnis zu den sozialistischen Staaten des Ostblocks ungeklärt, eine Minderheit um den Rechtsanwalt Horst Mahler wollte eine Zusammenarbeit mit diesen Ländern. Sie gründete zunächst die November-Gesellschaft, aus der dann 1967 der berühmte Republikanische Club hervorging. Nach dem Fall der Mauer wurde bekannt, dass die Stasi-Spitzel hier ein und aus gingen. Die Mitgliedzahl des SDS war zu jeder Zeit sehr niedrig und lag selbst zu seinen besten Zeiten nie höher als bei etwa 2500 bundesweit (bei rund 280 000 Studenten). Sein Einfluss ging über die geringe Mitgliederzahl in der kurzen Epoche von 1965 bis 1968 allerdings weit hinaus. Der Verband war intern jedoch zerstritten und 1970 löste er sich auf einem Kongress in Frankfurt auf. Frankfurt wurde neben West-Berlin zum wichtigsten Zentrum der Studentenbewegung. Verhältnismäßig stark war sie auch zum Beispiel in Marburg, München und Köln.

1965 traten einige Studenten in den West-Berliner SDS ein, die zuvor aus der DDR geflüchtet waren. Sie nahmen großen Einfluss auf die Entwicklung und die Aktionen der Organisation. Neben Bernd Rabehl war dies vor allem Rudi Dutschke, der bald zum Gesicht, Sprachrohr und Gehirn der Studentenbewegung wurde (obwohl er gerade wegen dieser Personifizierung nicht unumstritten war). Dieter Kunzelmann dagegen, das berühmteste Mitglied der Kommune 1, wurde später aus dem SDS ausgeschlossen, weil dieser die Aktionen der Kommune 1 ablehnte und fürchtete, ihm könnten die staatlichen Subventionen als Studentenorganisation gestrichen werden.

Zu einem Helden der Studentenbewegung wurde der argentinische Revolutionär Che Guevara, der 1966 forderte, „zwei, drei, viele Vietnams zu schaffen", und damit die radikalen Studenten in Deutschland elektrisierte. Die theoretischen Grundlagen lieferten Vordenker wie Theodor W. Adorno, Max Horkheimer und vor allem Herbert Marcuse. Der in Berlin geborene und vor den Nationalsozialisten in die USA geflohene Philosoph und Literaturwissenschaftler wurde durch sein 1967 auf Deutsch (Englisch 1964) erschienenes Buch *Der eindimensionale Mensch* zur intellektuellen Leitfigur der Studentenbewegung. Darin lehnte er jede Form von „Unterdrückung" ab und sprach damit jenen aus der Seele, die gegen das „Establishment" kämpfen wollten. Marcuses Vorträge vor den Studenten in West-Berlin waren überfüllt. Seine Kritik wurde immer umfassender. Aus seiner kritischen Haltung dem Kapitalismus gegenüber wurde eine prinzipielle Kritik der Konsumgesellschaft. Die westlichen Gesellschaften seien von dem Zustand der wahren Demokratie noch weit entfernt, von selbstbestimmt lebenden Individuen könne keine Rede sein; die vorherrschende Massenkultur diene der Manipulation der Massen.

Die Führer der Studentenbewegung, allen voran Rudi Dutschke, sogen aus den Thesen von Marcuse und den anderen intellektuellen Kritikern der westlichen Welt ihre geistige Anregung. Dutschke hatte als Flüchtling aus der DDR keinerlei Sympathien für das kommunistische System der Sowjetunion – er soll das DDR-System „Scheiß-Sozialismus" genannt

haben. Aber die Diktatur-Erfahrung machte ihn und die anderen keineswegs immun gegen brutale Herrscher wie Mao Zedong und Ho Chi Minh. Ganz im Gegenteil ließ die Studentenbewegung diese Diktatoren, die jegliche Menschenrechte mit Füßen traten, hochleben. Dutschke selbst konnte sich gewalttätigen Protest vorstellen. Eine Woche nach dem Tod von Benno Ohnesorg drohte er auf einem Studentenkongress in Hannover mit Gewalt, sollten Demonstrationen der Studenten von den Behörden verboten werden. Das ging selbst vielen Anhängern und Sympathisanten zu weit. Der Frankfurter Philosophieprofessor Jürgen Habermas sah in solchen Äußerungen einen „linken Faschismus". Allerdings schlug Dutschke nicht den gewalttätigen Weg ein, den die Mitglieder der terroristischen Rote-Armee-Fraktion um die Journalistin Ulrike Meinhof und Andreas Baader bald gehen sollten.

Dutschke und seine Anhänger wollten nichts weniger als die Weltrevolution, und sie lebten in völliger Verkennung der realen Mehrheitsverhältnisse eine Weile in der Hoffnung, dass diese tatsächlich nach ihren Vorstellungen möglich sei. Im Februar 1968 rief der Studentenführer auf einem Vietnamkongress in West-Berlin vor 5000 Teilnehmern: „Es lebe die Weltrevolution und die daraus entstehende freie Gesellschaft der ganzen Welt." Er rief dazu auf, „kühn und allseitig die Initiativen der Massen zu entfalten". Schon im Juni 1967 hatte er verkündet, „die geschichtliche zweite Front für Vietnam ist nicht primär Bolivien, die wirkliche Front ist der aktive Kampf in den Metropolen, der Kampf der revolutionären Jugend in Osteuropa und in der Sowjetunion gegen die dort herrschenden Bürokraten und seine Vervollständigung durch unseren politischen Kampf gegen eine Ordnung, die sich mit der amerikanischen Machtelite solidarisiert". Intern sprach Dutschke zu dieser Zeit von einem „Machtergreifungsplan". In West-Berlin sollte eine direkte Rätedemokratie installiert werden, die anschließend zu einer Wiedervereinigung Deutschlands führen sollte. Mit den tatsächlichen Möglichkeiten der Studentenbewegung hatten solche Überlegungen nicht das Geringste zu tun.

Studenten der Universität Berkeley, Kalifornien, am dritten Tag der Free Speech Movement, 2. Oktober 1964

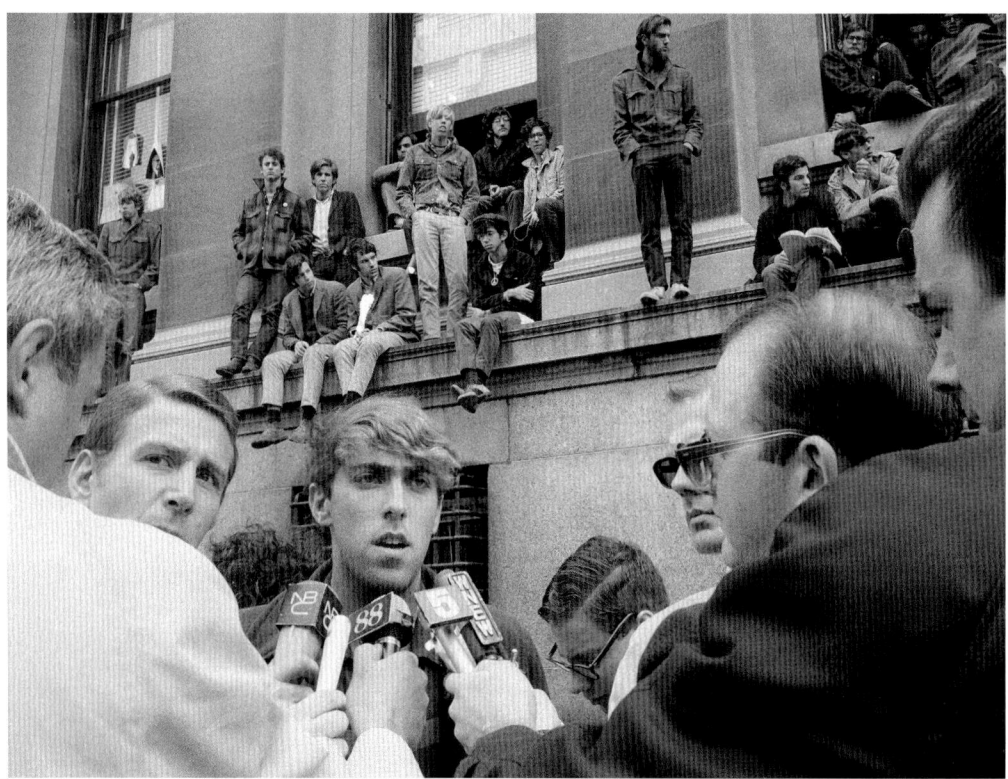

Studenten besetzen im April 1968 die Universität Columbia, New York, um gegen Rassismus und Imperialismus zu protestieren.

Jugendliche Demonstranten protestieren im August 1968 in Karlsbad gegen die Besetzung der Tschechoslowakei durch Truppen des Warschauer Pakts.

Prager Bürger versuchen, die Panzer der sowjetischen Besatzer am Weiterfahren zu hindern.

Im Mai 1968 wurde die Pariser Sorbonne von Hunderten unzufriedener Studenten besetzt. Nach der gewaltsamen Räumung durch die Polizei eskalierten die Proteste in tagelangen Straßenschlachten.

Ein Polizist schleudert im Juni 1968 eine Tränengasgranate in die Menge demonstrierender Studenten auf dem Pariser Boulevard St. Michel.

Ein Arbeiter grüßt mit geballter Faust eine Demonstration am 29. Mai in Paris, zu der die Gewerkschaft CGT aufgerufen hat. In vielen französischen Städten solidarisierten sich die Arbeiter mit den Studenten.

2000 Studenten und Universitätsangehörige demonstrieren im Dezember 1966 in Tübingen gegen Rechtsradikalismus.

Im Juni 1967 protestieren rund 1500 Hamburger Studenten gegen das sinkende Ausbildungsniveau und fordern ein Bildungsförderungsgesetz.

Studenten protestieren im Februar 1968 in Münster gegen unzumutbare Studienbedingungen am Psychologischen Institut der Universität.

Mit einem Spruchband fordern Studenten beim Rektorenwechsel an der Universität Hamburg im November 1967 die Beschleunigung der Hochschulreform.

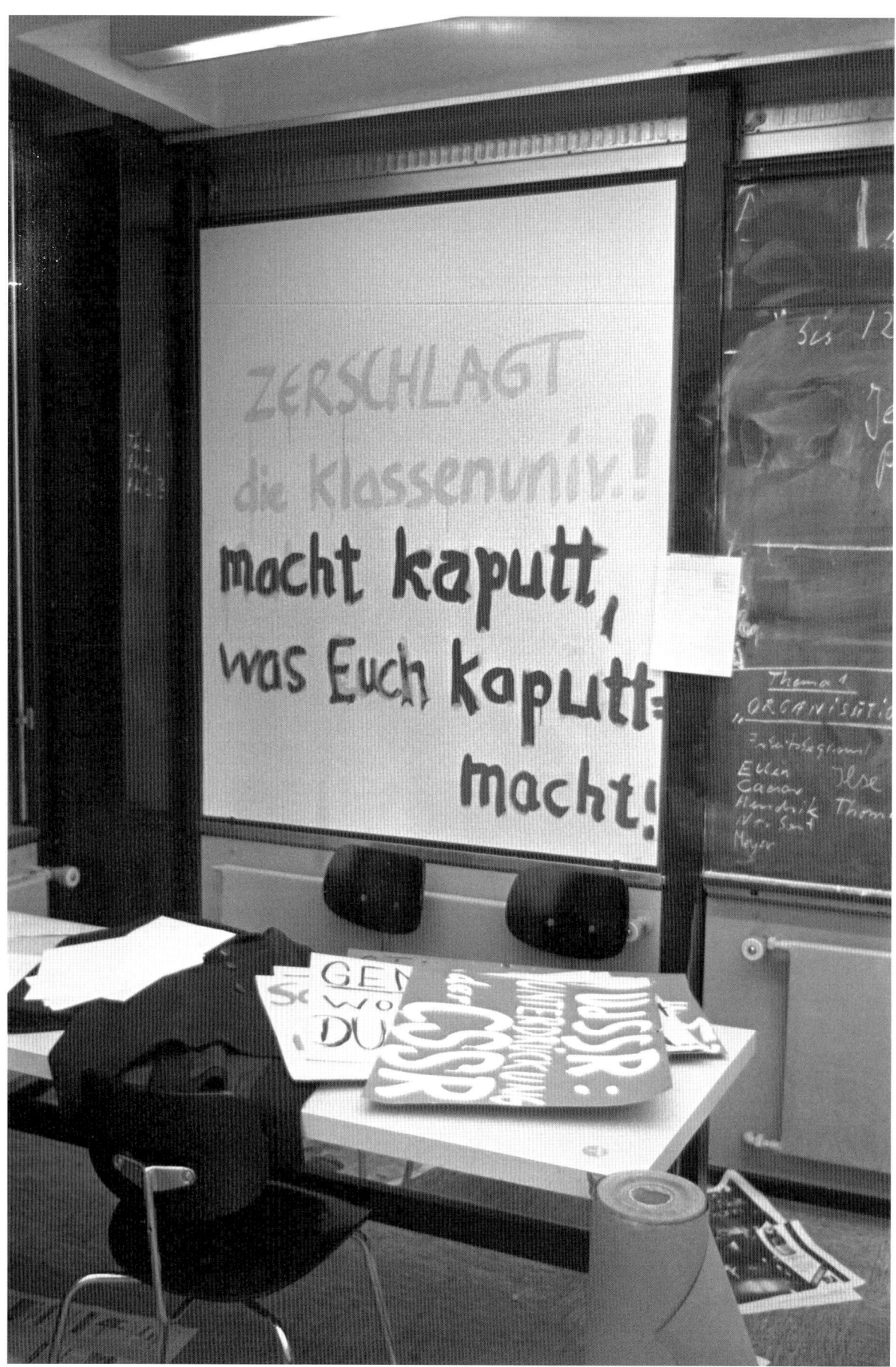

Studenten der sozialwissenschaftlichen Fakultät der Ruhr-Universität Bochum besetzen im Dezember 1968 die Fakultätsräume und gründen aus Protest gegen den konservativen Lehrbetrieb eine Gegenuniversität.

Im Mai 1968 erklärt das Studentenparlament der Universität Frankfurt am Main die Hochschule zur „politischen Universität" und benennt sie in „Karl-Marx-Universität" um.

Der aus Frankreich ausgewiesene Studentenführer Daniel Cohn-Bendit ruft die Studenten der Freien Universität Berlin im Juni 1968 zur länderübergreifenden Revolution auf.

Blick in die Räume des SDS-Bundesvorstands in Frankfurt am Main im Mai 1968: Der Studentenbund war die treibende Kraft hinter den Studentendemonstrationen in der Bundesrepublik.

22. Delegiertenkonferenz des SDS in Frankfurt am Main im September 1967

Studentinnen der Freien Universität Berlin verkaufen am 27. Juni 1968 ab fünf Mark Poster von Karl Liebknecht, Rosa Luxemburg, Che Guevara und anderen sowie Schutzhelme in Rot oder Weiß mit dem Aufdruck APO.

Studentinnen mit Transparenten warten im Mai 1966 in Frankfurt am Main auf den Beginn einer Demonstration gegen den Krieg in Vietnam: Der Krieg der USA gegen Nordvietnam erhitzte in vielen Ländern die studentischen Gemüter.

Während einer Demonstration gegen den Vietnamkrieg im Dezember 1966 in Berlin kommt es zur Beschlagnahmung von Plakaten (oben) und zu handgreiflichen Auseinandersetzungen mit der Polizei (unten).

5000 Teilnehmer aus 14 Ländern erschienen im Februar 1968 zum Internationalen Vietnamkongress des SDS an der Technischen Universität Berlin.

Rudi Dutschke bei einer Demonstration zum Vietnamkrieg im Februar 1968 vor dem amerikanischen Generalkonsulat in Frankfurt am Main

Für heftige Proteste sorgten im Mai 1968 die Ende des Monats vom Bundestag verabschiedeten Notstandsgesetze: Studenten demonstrieren mit roten Fahnen und einem Plakat mit dem Porträt des Studentenführers Rudi Dutschke in den Straßen Bonns.

Ein SDS-Mitglied stellt Transparente für Protestaktionen gegen die geplante Notstandsverfassung her.

Rund 100 Marburger Studenten demonstrieren mit einem 48-stündigen Hungerstreik gegen die Notstandsgesetze.

Studenten blockieren aus Protest gegen die Notstandsverfassung den Haupteingang der Frankfurter Universität.

Volksfeind Nr. 1 Dutschke

West-Berliner Bürger protestieren im Februar 1968 gegen die Studentenbewegung und ihren Wortführer Rudi Dutschke.

HÖHE- UND WENDEPUNKT DER STUDENTENBEWEGUNG

Zu Beginn des Jahres 1968, das der Bewegung letztlich ihren Namen geben sollte, war die Lage an den Universitäten in der Bundesrepublik und in West-Berlin gespannt, die Stimmung unter den politisch engagierten Studenten gereizt. Ein gutes halbes Jahr lag der Tod Benno Ohnesorgs nun zurück, doch die Empörung darüber hatte sich nicht gelegt, auch wenn sie nicht mehr so stark den Alltag bestimmte wie noch im Sommer oder Herbst des Vorjahres. Der SDS als ideologische Speerspitze sann fortwährend auf Möglichkeiten, die Erregung hoch zu halten. Ein Funke konnte genügen, um die Lage erneut eskalieren zu lassen. Dieser Funke flog am Nachmittag des 11. April, dem Gründonnerstag, auf dem Berliner Kurfürstendamm, und er traf Rudi Dutschke in den Kopf – und die radikale Studentenbewegung ins Herz. Kurz nach 16.30 Uhr stand der Studentenführer gerade mit seinem Fahrrad vor dem Haus Nr. 142, als sich ihm von der anderen Straßenseite her ein junger Mann näherte und ihn fragte, ob er Rudi Dutschke sei. Als dieser das bejahte, schrie der Mann: „Du Kommunistenschwein!", zückte einen Revolver und schoss auf Dutschke. Dieser brach zusammen, er war am Kopf getroffen und schwer verletzt. Wenige Minuten später trafen Polizei und Notarztwagen ein. Dutschke wurde in ein Krankenhaus gebracht und operiert. Er überlebte, seine Verletzung war jedoch so schwerwiegend, dass er am 24. Dezember 1979 an ihren Spätfolgen sterben sollte. Der Täter floh in eine Nebenstraße des Kurfürstendamms, verschanzte sich auf einer Baustelle und lieferte sich ein Feuergefecht mit der Polizei. Als er schließlich mit Schlaftabletten erfolglos versuchte, sich selbst umzubringen, konnte die Polizei ihn überwältigen. Bei dem Täter handelte es sich um Josef Bachmann, einen 23-jährigen Gelegenheitsarbeiter mit rechtsradikalem Hintergrund. Er war durch Artikel in der rechtsextremen *Deutschen National-Zeitung* angestachelt worden und eigens von München nach Berlin gereist, um Dutschke zu ermorden. Er hatte sich auf dem Einwohnermeldeamt dessen Adresse geben lassen und war mit dem Taxi zum Tatort gefahren. Dass Dutschke just in diesem Augenblick vor dem Gebäude auf der Straße stand, war reiner Zufall. Bachmann wurde wegen versuchten Mordes zu sieben Jahren Gefängnis verurteilt. 1970 nahm er sich in der Haft das Leben.

Die SDS-Spitze nutzte den Mordanschlag für ihre Zwecke, war er doch ein Ereignis, das die Studenten aufrüttelte. Man reagierte sofort. Die wichtigen Vertreter des SDS und der APO trafen sich unmittelbar nach Bekanntwerden der Nachricht vom Attentat im Republikanischen Club, ganz in der Nähe des Tatorts. Schnell hatte man den eigentlichen Schuldigen ausgemacht: „Springer hat mitgeschossen" oder auch „Bild hat mitgeschossen" lautete die Parole. Mehr als zwei Drittel der West-Berliner Tagespresse lagen in diesen Tagen in der Hand des antikommunistischen Bild-Verlegers und hetzten fast ununterbrochen gegen die linken Rebellen. Am Abend folgte eine rasch anberaumte „Vollversammlung" in der TU. Gut die Hälfte der dort etwa 2000 Anwesenden zog gegen 21 Uhr zum Springer-Hochhaus in Kreuzberg. Mit Worten wie „Leute, macht die Fackeln aus, wir brauchen sie fürs Springer-Haus" heizten sie sich gegenseitig auf. Die Chefs des Springer-Verlages – Axel

Springer selbst hielt sich nicht in Berlin auf – waren alarmiert und baten die Polizei um Hilfe. Diese sperrte das Gebäude ab, aber es gab ein Problem: Am Abend dieses Gründonnerstags hatten die meisten Polizisten frei und waren in den österlichen Kurzurlaub nach Westdeutschland aufgebrochen, saßen zu Hause oder waren privat in der Stadt unterwegs. Sie mussten erst erreicht werden und das brauchte seine Zeit. So waren die Polizeikräfte, die vor dem Springer-Hochhaus aufgezogen waren, zu schwach, um die anrückenden Studenten aufzuhalten. Gegen 22.30 Uhr stand eine aufgebrachte Menge vor dem Springer-Gebäude, vorneweg die SDS-Spitze, der Anwalt Horst Mahler und Kommunarden wie Dieter Kunzelmann, Rainer Langhans und Fritz Teufel. Es gelang ihnen nicht, ins Gebäude einzudringen. Das wäre ihnen wahrscheinlich auch schlecht bekommen, denn drinnen warteten Arbeiter aus der Springer-Druckerei, die sich mit Gummistangen aus den Rotationsmaschinen bewaffnet hatten. Von einer großen gemeinsamen „revolutionären Front" von Arbeitern und Studenten, wie Letztere sie sich erträumt hatten, konnte keine Rede sein – die Arbeiter standen eindeutig auf der Seite der „Konterrevolution". Weder sie noch die Polizei konnten allerdings verhindern, dass viele der großen Glasscheiben an der Außenfront des Hochhauses durch gezielte Steinwürfe zu Bruch gingen. Da Horst Mahler als Anführer der Aktion galt, wurde er später zur Zahlung eines hohen Schadensersatzes an den Springer-Verlag verurteilt. Es dauerte einige Zeit, bis sich die Polizei durchgesetzt hatte. Als schon alles ruhig schien, begannen zahlreiche Demonstranten jedoch, die Wagen anzugreifen, die die gedruckten Springer-Zeitungen ausliefern sollten. Erneut entstand hoher Sachschaden. Unter den Demonstranten befand sich eine Frau, die bald zu bitterer Berühmtheit gelangen sollte: Ulrike Meinhof. Sie war erst kürzlich von Hamburg nach Berlin gezogen und reichte den Steinewerfern an diesem Abend Wurfgeschosse. „Wenn man einen Stein wirft, ist es eine Straftat, wenn man viele Steine wirft, ist es eine politische Aktion", so lautete ihr Credo.

Die Ereignisse in West-Berlin hatten auch dieses Mal Signalwirkung. Was folgte, waren die „Osterunruhen", die viele Universitäten in Westdeutschland ergriffen und in manchen Städten zu bürgerkriegsähnlichen Zuständen führten. Es kam zu Demonstrationen mit gewalttätigen Ausschreitungen und Straßenschlachten mit der Polizei. Besonders heftige Tumulte brachen in München los, wo es zwei Tote zu beklagen gab: einen Studenten, der von einer Holzbohle, und einen Pressefotograf, der von einem Stein am Kopf getroffen wurde. Aber überall, wo es Springer-Zentralen gab, wurden sie belagert. Überall gab es Studenten, die mit Steinen warfen,

und Polizisten, die mit Wasserwerfern antworteten. Die Erregung unter den Studenten blieb auch nach den Ostertagen in allen Teilen der Bundesrepublik bestehen. Und doch zeigte sich bald, dass es selbst nach den aufputschenden Ereignissen nicht möglich war, eine dauerhafte „revolutionäre" Stimmung unter den Studenten aufrechtzuerhalten, die einherging mit ständigen Veranstaltungen, Teach-ins, Protestversammlungen. Dies alles war mit der Zeit ermüdend und langweilig, und viele Studenten besannen sich nach und nach auf den eigentlichen Zweck ihres Studiums: das Studieren und Lernen. Nicht zuletzt drängten sich wieder die eigenen Sorgen und Nöte in den Vordergrund, selbst manche der Studentenführer zogen sich zurück. Kurzum: Der Alltag erwies sich als stärker als die Revolution. Die Sommersemesterferien taten ihr Übriges zur Beruhigung der Lage. Hinzu kam allerdings noch ein ganz entscheidender Punkt: Die Krawalle und Gewalttaten vom Osterwochenende hatten viele Studenten abgeschreckt. Außerdem war durch das Attentat auf Dutschke das Aushängeschild der Bewegung, der berühmteste Anpeitscher, ausgefallen – ein Mangel, der sich in den nächsten Monaten deutlich bemerkbar machte. Dass Dutschke zum Medienstar avanciert war, hatte zwar die Kritik seiner Mitstreiter hervorgerufen, wobei sicher auch persönlicher Neid eine Rolle spielte, aber nun wurde klar: Niemand konnte ihn ersetzen.

Vor dem Hintergrund der schwindenden Mobilisierung der Studenten brauchte der SDS dringend etwas, mit dem er den politisch engagierten Teil der Kommilitonen und möglichst viele Menschen darüber hinaus wieder auf die Straße bringen konnte. Da bot sich ein anstehendes Ereignis an, und die SDS-Spitze griff dankbar zu: Für den 4. November war ein Verfahren gegen Horst Mahler angesetzt. Der Generalstaatsanwalt beim Berliner Kammergericht hatte gegen Mahler ein Ehrengerichtsverfahren beantragt mit dem Ziel, diesen aus der Anwaltskammer auszuschließen. Der Grund war Mahlers Verhalten bei der Demonstration gegen Springer. Auf den ersten Blick stellte dieses Verfahren eine große Gefahr für Mahler dar, denn ein Ausschluss hätte im Grunde das Berufsverbot bedeutet. Allerdings gaben die Anwaltskollegen dem Anliegen des Generalstaatsanwalts, ganz gleich, welche Meinung sie dazu hatten, kaum eine Chance. Möglicherweise war dieser Schritt sogar eher als ein Symbol gedacht, um zu zeigen, dass das „Establishment" nicht gewillt war, sich alles gefallen zu lassen. Für den besagten 4. November war eine Sitzung im Gebäude des Landgerichts Berlin am Tegeler Weg anberaumt. Entgegen anderslautenden Behauptungen war jedoch keine Gerichtsverhandlung vorgesehen, sondern ein Treffen von drei Anwälten, die als Ehrengericht auftraten. Zudem war für diesen Tag noch keine Entscheidung zu erwarten. Solche Feinheiten interessierten die SDS-Spitze aber nicht. Sie hatte die Studenten vier Tage vor der angesetzten Sitzung zu einer Versammlung in die TU zusammengerufen. Die Sitzung war sehr gut besucht, die Stimmung aufgeheizt – so konnten Christian Semler und die anderen Mitglieder der SDS-Spitze darauf hoffen, dass auch die für den 4. November angekündigte Demonstration viele Teilnehmer haben würde.

Semler ging nun den Weg konsequent weiter, den der SDS bereits in den Ostertagen beschritten hatte: den Weg der Gewalt. Er kündigte an, den „individuellen Terror zum legitimen Bestandteil einer neuen Strategie und Taktik der APO" machen zu wollen. Die Aktion vor dem Gerichtsgebäude sollte Auftakt eines längeren Kampfes gegen die Justiz werden, wobei der Begriff „Kampf" wörtlich gemeint war. Um das klar zu machen, hatten Semler und seine Leute vor der Versammlung in der TU Verhandlungen mit dem Chef einer Rockerbande geführt. Dieser erklärte sich bereit, 50 seiner Männer zur Demonstration zu schicken, was in der Versammlung auf großen Beifall stieß. Das Vorgehen wurde gut durchgeplant. Den Teilnehmern wurde aufgetragen, sich mit Helmen und Handschuhen auszurüsten und nicht das Verbandszeug zu vergessen. Wer am 4. November zur Demonstration ging, dem war damit klar, dass es zu Gewalt kommen würde – mehr noch: Er akzeptierte sie ganz bewusst.

Am Morgen des 4. November, an einem kalten, trüben Montag, versammelten sich die Studenten in der Nähe des Gerichtsgebäudes. Gekommen waren nur etwa 1000, eine enttäuschend geringe Zahl aus Sicht des SDS. Aber viele Studenten, die Gewalt ablehnten, wollten spätestens jetzt offenbar nicht mehr mit den radikalen Kommilitonen gemeinsame Sache machen. Tatsächlich erschienen ebenfalls etwa 50 Rocker, die ihre Maschinen in sicherer Entfernung parkten. Die Polizei hatte vorgesorgt, natürlich war ihr zu Ohren gekommen, was die Studenten planten. Gleichwohl waren die 400 eingesetzten Polizisten auch diesmal wieder unzureichend gewappnet, wie sich bald zeigen sollte. Zunächst blieben Demonstranten und Polizisten in respektvoller Entfernung voneinander stehen; es kam zu einigen Würfen von Tomaten und Farbbeuteln, aber das war inzwischen längst Routine bei Demonstrationen und galt schon nicht mehr als „richtige" Gewalt. Doch dann passierte etwas, womit – auf beiden Seiten – niemand gerechnet hatte. Plötzlich kam ein mit Steinen beladener Lastkraftwagen um die Ecke gefahren. Ehe der erschreckte Fahrer reagieren konnte, hatten sich die Studenten

auf den Lkw gestürzt, die Ladeluke aufgerissen und begonnen, Steine auf den Boden fallen zu lassen. Nun hatten sie eine ganz andere Waffe in der Hand als Tomaten. Und sie nutzten sie. Mit ungeahnter Brutalität attackierten sie nun die Polizeibeamten, auf die ein wahrer Steinhagel niederprasselte. Dass sie einen Gewaltausbruch allerdings von Anfang an im Sinn hatten, zeigte die Tatsache, dass auch Feuerwerkskörper und Flaschen durch die Luft flogen. Später vermuteten die Behörden, der Lastwagen mit den Steinen sei zuvor an den Ort bestellt worden, wohingegen die Studenten der Polizei vorwarfen, diese hätte ihn als Provokation dorthin kommen lassen. Beides waren Legenden, denn der Besitzer der Baufirma, die die Steine angeliefert hatte, versicherte glaubwürdig, dass die Zeitgleichheit Zufall gewesen sei. Die Polizei brauchte weit mehr als eine Stunde, um die enthemmten Studenten unter Kontrolle zu bringen, was ihr erst mit dem Einsatz von Wasserwerfern gelang.

Das alsbald „Schlacht am Tegeler Weg" genannte Ereignis war nach Meinung älterer Beobachter von einer solchen Brutalität, wie sie nicht einmal die Straßenschlachten zwischen Nationalsozialisten und Kommunisten am Ende der Weimarer Republik aufgewiesen hatten. Die Empörung in der Stadt und in der ganzen Bundesrepublik war groß. Am Ende wurden 130 Polizisten als verletzt gemeldet und 22 der Demonstranten. Deren Zahl an Verletzten dürfte jedoch höher gewesen sein, denn viele meldeten sich nicht, sondern versorgten sich selbst. 48 Demonstranten wurden festgenommen. Das eigentliche Ereignis, um das es offiziell gegangen war, das Ehrengerichtsverfahren gegen Horst Mahler, war völlig aus dem Blick geraten. Wie erwartet, blieb der Versuch, ihn aus der Anwaltskammer auszuschließen, erfolglos. Für manche Veteranen der 68er gilt diese „Schlacht" noch heute als ein heldenhaftes Auftrumpfen gegen die Staatsmacht und die erstarrte Gesellschaft. Tatsächlich war sie eine bittere Niederlage, denn sie war nicht nur der Höhepunkt der gewalttätigen Auseinandersetzungen, sondern zugleich der Wendepunkt für die 68er-Bewegung. Von nun an ging es bergab. Die radikalen Studenten verloren bei den Kommilitonen den großen Teil der Unterstützung und selbst bei bislang sehr verständnisvollen Liberalen oder Linken schwand das Verständnis. Durch solche Art brutaler Gewaltanwendung war der Mobilisierungsgrad in der breiten Masse der Studenten nicht aufrechtzuerhalten, von einem Ausgreifen auf andere Teile der Gesellschaft gar nicht zu reden. Auch in den Reihen der radikalen Studenten gab es in der Folge immer häufiger Streit. Die Bewegung begann, sich zu zersplittern.

Passanten schauen nach dem Anschlag auf Rudi Dutschke am 11. April 1968 am Berliner Kurfürstendamm auf sein Fahrrad, das noch am Tatort liegt.

Der Attentäter, Josef Bachmann, wird bei einem Schusswechsel mit der Polizei verletzt.

Rudi Dutschke zog nach seiner Genesung mit seiner Frau Gretchen und den beiden Kindern Polly und Hosea nach Großbritannien, später nach Dänemark.

Die Studenten machen die Springer-Zeitschriften und -Zeitungen für den Anschlag verantwortlich. Noch am Abend des 11. April ziehen mehrere Tausend Demonstranten mit roten Fahnen vor das Springer-Hochhaus in der Kochstraße in Berlin-Kreuzberg.

Feuerwehrleute löschen die von den Demonstranten in Berlin-Kreuzberg in Brand gesteckte Wartungshalle für Kraftfahrzeuge des Springer-Verlages.

Archivexemplare der Bild-Zeitung fallen in den Hof des Buchgewerbehauses in München: In der Nacht zum 12. April verwüsten zahlreiche Demonstranten die dortige Zeitungsdruckerei und Redaktion der Bild-Zeitung.

Aufgebrachte Demonstranten ziehen am Karfreitag, dem 12. April, durch Berlin. Der Anschlag auf Dutschke löste bundesweite Unruhen aus.

Auf dem John-F.-Kennedy-Platz in Berlin-Schöneberg geht die Polizei mit Schlagstöcken gegen Demonstranten vor.

Polizisten versuchen Demonstranten auf dem Kurfürstendamm zurückzudrängen.

Depression am Ende des Jahrzehnts. 1967 gelang den Beatles mit dem am 1. Juni veröffentlichten Album *Sgt. Pepper's Lonely Hearts Club Band* ein Werk, das mit seinen psychedelischen Klängen und skurrilen Texten die neue *Flower-Power*-Bewegung im berühmten *Sommer of Love* repräsentierte.

Nur wenige Wochen später brachten die Beatles einen weiteren Song auf den Markt, der für das Lebensgefühl der Zeit stand: *All You Need Is Love*. Das Lied kam unpolitisch, geradezu naiv daher, ebenso wie die *Flower-Power*-Bewegung selbst. Es ging den „Blumenkindern" um Frieden, um einen Bruch mit den Konventionen, um ein freies Leben und um freie Liebe, freien Sex und das Experimentieren mit Drogen. Kurzum: Man wollte *Love, Peace and Happiness* – Liebe, Frieden und Glück. Im Mittelpunkt stand die Verwirklichung des eigenen Ich. Die *Flower-Power*-Bewegung war ein unkoordiniertes, unorganisiertes Aufbegehren von Kindern der bürgerlichen Mittelschicht im Alter zwischen 20 und 30 Jahren gegen alles, was ihnen spießig und alt erschien. Sie hatte mit San Francisco ein Zentrum und mit dem gleichnamigen Song von Scott McKenzie ihre eigene Hymne, die mit dem programmatischen Vers begann: „If you're going to San Francisco, be sure to wear some flowers in your hair". Hunderttausende junge Menschen aus den USA und dem Rest der westlichen Welt sollten der Aufforderung in den folgenden Jahren auf der Suche nach Glück und Freiheit folgen. Aber der „Sommer der Liebe" war tatsächlich im Herbst des Jahres 1967 schon wieder vorbei. Die *Flower-Power*-Bewegung entstand ab 1965 und erlebte ihren Höhepunkt 1967. Es gab viele Überschneidungen zu den politisierenden studentischen Gruppen, die bald unter dem Namen „68er" Furore machten, beide Bewegungen waren aber keineswegs identisch. Sie entstanden unabhängig von- und mündeten schließlich ineinander, als sich die „Blumenkinder" mehr und mehr politisierten und die politisierenden Studenten Habitus und Outfit der *Flower-Power*-Bewegung annahmen. Bis dahin hatten die Studenten ein elitäres Bewusstsein an den Tag gelegt. Sie hatten keinen Widerspruch darin gesehen, gegen die erstarrten Verhältnisse aufzubegehren und im Anzug zur Demonstration oder Protestaktion zu gehen (und sich übrigens auch mit „Sie" anzusprechen). Diese langhaarigen Hippies hingegen, wie man sie nannte, wurden zu einem Kulturschreck für das Bürgertum ebenso wie für die Arbeiterschaft.

War Scott McKenzies *San Francisco* die Hymne der *Flower-Power*-Bewegung, so drückte ein anderes Werk ihr Lebensgefühl aus und zeigte gleichzeitig die wachsenden Berührungspunkte zum politischen Protest: das Musical *Hair* mit den Texten von Gerome Ragni und James Rado und der Musik von Galt MacDermot. Es wurde im April 1968 am Broadway uraufgeführt und trat sofort seinen Siegeszug um die Welt an; im Oktober erlebte es bereits in München seine Deutschland-Premiere. Das Stück handelt von einer Aussteiger-Gruppe in New York und einem jungen Mann aus der Provinz, der, ganz Patriot, freiwillig in den Vietnamkrieg ziehen will, bis er auf die gleichaltrigen Hippies trifft. Die Verfilmung von Miloš Forman aus dem Jahr 1979 bringt dem Zuschauer noch heute, wenngleich nicht ohne Klischees, das Lebensgefühl nahe, das einen Teil der jungen Menschen damals erfasste.

Die hauptsächlichen Musikrichtungen der 68er waren Folk und psychedelischer Rock. Die Folksängerin Joan Baez, die mit *We Shall Overcome* eine ganz und gar friedliche Seite des Protests präsentierte, der Singer-Songwriter Bob Dylan, der nicht zuletzt nachhaltigen Eindruck auf die deutsche Liedermacherszene hinterließ, die Rolling Stones mit ihren zum Teil düster-aufbegehrenden Texten, Jim Morrison und die Doors, The Who oder The Grateful Dead wurden zu wichtigen Ikonen. Viele der Songs, die damals die Jugend bewegten, haben ihre Wirkmacht bis heute nicht verloren, einige haben sogar Kultstatus erlangt. Dass man den gesamtgesellschaftlichen Einfluss zu jener Zeit jedoch nicht überschätzen darf, zeigt schon ein kurzer Blick auf die Songs, die 1968 die deutschen Hitparaden beherrschten. So lag in der Liste der meistverkauften Singles der holländische Kinderstar Heintje mit Liedern wie *Mama* auf den Plätzen eins, zwei und vier, der Schlagerstar Peter Alexander auf fünf und acht. Das war die Musik, die den Mainstream der Gesellschaft widerspiegelte. Der erste Song, der zum Umfeld der Studentenbewegung gerechnet werden kann, war *Hey Jude* von den Beatles auf Platz sechs. Aber die Pop- und Rockmusik der folgenden Jahre wurde vom Sound der 68er ähnlich stark beeinflusst wie die westlichen Gesellschaften von den aufbegehrenden Studenten. Viele ihrer Ideen und der neue Lebensstil überlebten das Jahr 1968 zumindest teilweise. Zum legendären Woodstock-Festival 1969 kamen nicht weniger als 400 000 Menschen zusammen. Erst Ende der 1970er-Jahre kam mit den Punks erstmals eine musikalische Gegenbewegung auf.

In Deutschland entwickelte sich rund um das seit 1964 veranstaltete Musikfestival auf Burg Waldeck eine eigene musikalische Protestkultur. An der Spitze der deutschen Musiker standen Liedermacher wie Franz Josef Degenhardt, der mit dem Stück *Spiel nicht mit den Schmuddelkindern* über den als spießig empfundenen Lebensstil der Elterngesellschaft einen Kultsong der Protestbewegung schrieb. Weitere prominente Vertreter dieser Richtung waren unter anderem Dieter Süverkrüp und Hannes Wader. Mit experimentellen Bands wie Tangerine Dream oder Amon Düül entwickelte sich zudem eine deutsche Rockszene, die zum Teil international Maßstäbe setzte.

Die Musik war zwar der wichtigste Ausdruck des neuen Lebensgefühls, doch nicht der einzige. „68" war

SEX, DRUGS AND ROCK 'N' ROLL: „68" ALS KULTURELLER AUFBRUCH

Ihre politischen Forderungen waren die Triebkraft der 68er-Bewegung. Doch die internationale Studentenbewegung wäre ohne den kulturellen Input, den sie bekam, nie das geworden, was sie werden sollte. Das Ausleben eines neuen Lebensstils – in späteren Jahren gerne mit den Stichworten „Sex, Drugs and Rock 'n' Roll" bezeichnet – machte die 68er-Bewegung erst zu der kulturellen und gesellschaftlichen Gegenbewegung, mit der sie heute verbunden wird. Die Studenten revoltierten auch gegen den als konservativ empfundenen Mainstream der Eltern- und Großelterngeneration mit seinen sinnentleerten Wohlstandsidealen, seinem verkrampften Verhältnis zur Sexualität oder seiner „heuchlerischen" Moral. Man begriff sich bewusst als eine Jugend, die sich abwendete von der Welt der Erwachsenen; der Spruch „Trau keinem über 30" stand für diese Haltung. Keine all jener Erscheinungen, die heute mit den 68ern assoziiert werden, war indes ihr ureigenes Produkt. Überall gab es Entwicklungen, die bereits vor der Studentenbewegung und unabhängig von ihr eingesetzt hatten.

Musik war in der Geschichte häufig eine Begleiterin von Revolten und Revolutionen, das galt auch und gerade bei der Studentenbewegung. Hier fanden die Aufbegehrenden ein Sprachrohr. Ebenso wie ihre politischen Ideen hatte aber auch die Musik der 68er eine Vorgeschichte, die einige Jahre zurückreichte. Schon im Rock 'n' Roll, der mit Musikern wie Elvis Presley, Bill Haley und Chuck Berry lautstark über den großen Teich nach Europa geschwappt war, kam ein Jugendprotest zum Ausdruck, der sich gegen die Spießigkeit der Älteren auflehnte und einfach anders, vor allem wild und frei, sein wollte. Seit Mitte der 1960er-Jahre wurde die Musik der jungen Leute gesellschaftskritisch und politisch. Die Mittelschichtjugend in der westlichen Welt, die in gesicherten Verhältnissen aufwuchs und über eine gute Bildung verfügte, wollte Veränderung. Das Leben, das ihre Eltern führten, schien ihnen verknöchert, verkrampft, spießig, unfrei; die Älteren, die Enthaltsamkeit predigten, aber Kriege führten, empfanden sie als Heuchler. Das kündigte sich bereits 1964 mit einem Song an, der einen nicht zu überschätzenden Einfluss auf zahllose Jugendliche und auf die weitere Entwicklung hatte: Bob Dylans *The Times They Are a-Changin'*. Dylan thematisierte darin die Veränderungen, die seiner Ansicht nach unweigerlich kommen würden. Er tat das nicht aggressiv und laut, sondern eher poetisch und still, doch siegesgewiss – anders als im folgenden Jahr die Rolling Stones, die in *(I Can't Get No) Satisfaction* ihre Unzufriedenheit mit der eingefahrenen, konsumorientierten Gesellschaft herausschrien.

Die Herausbildung einer eigenen Popkultur ging allerdings mit einer Rockgruppe einher, die Musikgeschichte schreiben sollte und bis heute als erfolgreichste Band überhaupt gilt: The Beatles. An den *Fab Four* kann man die Entwicklung der 1960er-Jahre sowohl äußerlich wie musikalisch direkt nachverfolgen. Sie starteten 1960 in Hamburg wild, laut und voller Lebensfreude, lösten wenige Jahre später mit Stücken wie *She Loves You* die *Beatlemania* aus und endeten 1970, dem Trennungsjahr, düster und depressiv. In diesem Wandel spiegelt sich die Entwicklung der westlichen Welt wider: von einer Aufbruchsstimmung und einem ungebrochenen Fortschrittsglauben um die Wende der 1950er- zu den 1960er-Jahren hin zu einer Verunsicherung, einem Sich-Infrage-Stellen und einer allgemeinen

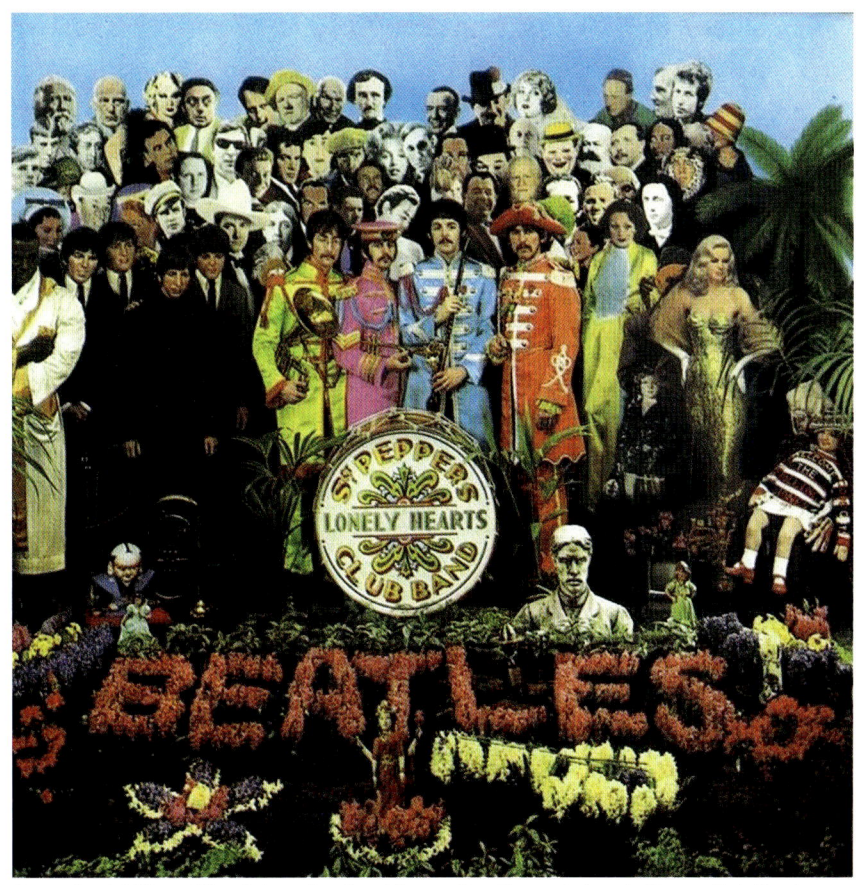

Cover des 1967 veröffentlichten Beatles-Albums *Sgt. Pepper's Lonely Hearts Club Band*

John Lennon und Yoko Ono demonstrieren im März 1969 mit einem einwöchigen „Bed-in" im Hilton Hotel in Amsterdam für Frieden.

tatsächlich ein umfassender kultureller Aufbruch. Auch mit ihrer Mode zeigten die 68er, dass sie anders sein, sich abgrenzen wollten. Aus den Straßenanzügen, in denen die Studenten noch am 2. Juni 1967 gegen den Schah in West-Berlin demonstriert hatten, wurden schnell flatternde Hemden mit Anzugwesten aus Opas Zeit, Bluejeans, später Hotpants, Miniröcke oder wallende Kleider. In Batiktechnik selbst gefärbte Kleidung – vorzugsweise in Pink – war angesagt, wobei Frauen und Männer oft dieselben Gewänder trugen, was die Abwendung von den tradierten Geschlechterrollen verdeutlichen sollte. Hosen mit einem riesigen Schlag waren eine bewusste Abkehr der konventionellen Mode der 1950er- und 1960er-Jahre mit ihren Röhrenhosen. Ein offen zur Schau gestellter Protest gegen die Konventionen der Gesellschaft waren ebenso die langen Haare und die rauschenden Bärte, die nun bei vielen jungen Männern angesagt waren. In der Bevölkerung traf diese Erscheinung der Hippies auf Entsetzen und Empörung, die Langhaarigen wurden als „Gammler" und „Chaoten" bezeichnet, die sich grotesk anziehen und nie duschen oder baden würden. Die Väter und Mütter aus der Kriegsgeneration hatten absolut kein Verständnis für das Auftreten und den Lebensstil der Jungen, die offenbar nur faul auf den Plätzen der Städte oder in verrauchten Kneipen herumlungerten, anstatt zur Universität zu gehen und an ihrer Karriere zu arbeiten.

Genauso wenig Verständnis hatte die Elterngeneration für die alternativen Wohnformen, in denen viele 68er leben wollten. In den 1960er-Jahren war es völlig normal, als Student bei seinen Eltern zu wohnen, und wer in einer anderen Stadt studierte, wohnte zur Untermiete. „Herren- und Damenbesuch verboten" war hier gewöhnlich die erste Hausregel. Da hatten viele junge Leute andere Vorstellungen. In West-Berlin lebte es ihnen die berühmte Kommune I vor. Zu ihrem Stamm gehörten etwa zehn junge Männer und Frauen, darunter die Kommunarden Dieter Kunzelmann, Fritz Teufel und Rainer Langhans. Sie zogen Anfang 1967 gemeinsam in eine große Wohnung. Alles sollte allen gehören, Privateigentum gab es nicht mehr, Privatheit auch nicht. Das ging sogar so weit, dass die Toilettentüren aus den Angeln gehoben wurden – es sollte keine Geheimnisse geben. Die Kommune war schon an sich eine Sensation, um die sich Legenden und Mythen rankten. Wirklich bekannt aber wurde sie erst durch die skandalisierenden Berichte der empört-faszinierten bürgerlichen Medien. Die Kommune I fand Nachahmer, doch sie sollte nie ganz funktionieren. Bereits 1969 löste sich diese berühmteste Wohngemeinschaft Deutschlands wieder auf.

Das bekannteste Foto der Kommune I zeigt sieben Mitglieder, die nackt mit dem Rücken zum Fotografen abgelichtet sind. Sie stehen breitbeinig an der Wand, so als ob sie gerade von der Polizei nach Waffen durchsucht würden. Daneben ist ein kleines Kind zu sehen, das sich halb zum Betrachter umgedreht hat. Das Bild sollte eine Kritik an den – wie die Kommunarden fanden – repressiven und autoritären Behörden darstellen und zugleich Ausdruck einer sexuellen Befreiung sein. Zur Kritik an der konservativen und spießigen Gesellschaft gehörte schließlich auch das Aufbegehren gegen die als Heuchelei empfundene strenge Sexualmoral. Die neue Jugend wollte radikal mit den Gewohnheiten ihrer prüden Eltern brechen, sie wollte das Thema Sexualität, über das in der Gesellschaft nur verschämt und hinter vorgehaltener Hand geredet wurde, enttabuisieren und öffentlich machen. Zur sexuellen Befreiung gehörten die Ablehnung der klassischen Familie und der Verzicht auf einen festen Partner oder eine feste Partnerin sowie häufig wechselnde Sexualpartner. „Wer zweimal mit derselben pennt, gehört schon zum Establishment", war einer der geflügelten Sprüche, die rasch in den Sprachschatz der 68er eingingen. Sogar den Sex mit Minderjährigen wollten manche der Kommunarden „enttabuisieren". Alle Arten von Liebe und Sex sollten zudem gleichberechtigt sein. Diese Form der freien Liebe war ein Motor für die Studentenbewegung insgesamt, das Private sollte politisch sein. Freilich hatte die sexuelle Befreiung vor allem der Frau längst eingesetzt, besonders seit Anfang der 1960er-Jahre die Pille auf den Markt gekommen war. Beate Uhse hatte bereits 1948 einen Versandhandel eröffnet, über den sie Aufklärungsmaterial und später Kondome vertrieb, 1962 folgte in Flensburg der weltweit erste Sexshop – damals „Institut für Ehehygiene" –, in dem sie auch Dessous, Magazine und Stimulationsartikel anbot. Oswalt Kolle sorgte 1968 ganz unabhängig von der Studentenbewegung mit seinem Aufklärungsfilm „Das Wunder der Liebe" für Aufsehen. Die politisch engagierten und aufgewühlten Studenten rümpften darüber allerdings die Nase. Für sie hing die sexuelle Befreiung untrennbar mit der politischen und sozialen zusammen. Ein anderer beliebter Spruch der 68er lautete nicht von ungefähr: „Make love, not war."

Nicht zuletzt spielten Drogen, vor allem Marihuana und Haschisch sowie das bewusstseinserweiternde LSD, eine große Rolle für das Lebensgefühl der Bewegung. Wie die Mode und die neuen Formen des Zusammenlebens und Liebens war auch der Drogenkonsum bewusster Teil des kulturellen Gegenentwurfs, den die 68er predigten und lebten. Unter dem Motto „High sein, frei sein, überall dabei sein" wurde mit Drogen experimentiert. Die Konsequenzen zeigten sich bald: Zwischen Herbst 1970 und Sommer 1971 starben mit Janis Joplin, Jimi Hendrix und Jim Morrison binnen Kurzem drei Stars der 68er-Bewegung an den Folgen ihres Drogenmissbrauchs.

Jimi Hendrix

Janis Joplin

Die Rolling Stones zu Gast in Zürich: Bei ihrem Konzert am 14. April 1967 kam es zu schweren Krawallen.

Joan Baez singt im September 1967 auf einer Straße in San Francisco.

Bob Dylan

Jugendliche Hippies tanzen Ende der 1960er-Jahre bei einem „Love-in" im Elysian Park in Los Angeles.

„Blumenkinder" mit bemalten Oberkörpern und Bluejeans bei einem Popfestival 1970 in Großbritannien

Szene aus dem Hippie-Musical *Hair* 1969 in der Stadthalle Wien

Teilnehmerin einer „Legalise Pot Rally" 1968 im Londoner Hyde Park

Zwei Frauen bei einem Popkonzert 1969 im Londoner Hyde Park

„Blumenkind" bei einem Festival 1967 im Park von Woburn Abbey, Bedfordshire

Hannes Wader bei einem Auftritt im Oktober 1970 in Hamburg

Franz Josef Degenhardt im September 1973 in Hamburg

Die Polizei räumt in der Nacht zum 13. April eine Straße vor dem Gebäude des Springer-Verlages in Hamburg.

Vor dem Springer-Verlagshaus in Essen werden Zeitungen verbrannt.

1500 Ostermarschierer ziehen am 13. April von der Duisburger Innenstadt in Richtung Oberhausen und demonstrieren gegen die Springer-Zeitungen.

Jugendliche Demonstranten versuchen am Abend vor der Frankfurter Societäts-Druckerei, in der eine Teilauflage der Bild-Zeitung gedruckt wird, die Ausgänge zu verbarrikadieren.

Polizeibeamte in der Wilhelmstraße in Berlin stehen inmitten von Ausgaben der BZ und Bild-Zeitung, die von Demonstranten aus einem Lieferwagen geworfen worden waren.

Ostermarschierer und Angehörige der außerparlamentarischen Opposition, die am Ostersonntag, dem 14. April, in Berlin mit Kreuzen zum Kurfürstendamm ziehen, werden mit Wasserwerfern zurückgedrängt.

Polizisten versuchen am Rande der Demonstration auf dem Kurfürstendamm, einen umgekippten Bauwagen wieder aufzurichten.

Ostermarschierer am Ostermontag, dem 15. April, in Stuttgart

Demonstranten versuchen am 15. April, die Zufahrt zur Druckerei in Esslingen zu blockieren, wo die Südwestausgabe der Bild-Zeitung gedruckt wird.

Polizisten lesen vor der Ankunft der Demonstranten in Esslingen die Bild-Zeitung.

Helfer bemühen sich um den verletzten Pressefotografen Klaus Frings, der bei den Ausschreitungen am 15. April in München von einem Pflasterstein getroffen wurde. Zwei Tage später erliegt er seinen schweren Verletzungen.

Bei einer Überprüfung des Münchner AStA-Hauses nach den Osterunruhen stellt die Kriminalpolizei Zündsätze, Schwarzpulvermischungen, Schaumlöschgeräte, Stahlrohre und Nagelbretter sicher.

Der Anwalt der außerparlamentarischen Opposition, Horst Mahler (r.), mit seinen Verteidigern Otto Schily (l.) und Josef Augstein auf dem Weg zu einer Sitzung im gegen ihn laufenden Ehrengerichtsverfahren am 4. November im Landgericht Berlin am Tegeler Weg

Demonstranten versuchen die Absperrgitter vor dem Landgericht am Tegeler Weg zu durchbrechen.

Ein Polizist kümmert sich um einen Kollegen, der von einen Stein getroffen und von seinem Pferd abgeworfen wurde.

Handgemenge zwischen der Polizei und mit Schutzhelmen ausgerüsteten Demonstranten vor dem Landgericht

Besucher des Woodstock-Festivals
1969 bei Bethel, New York

Hippie beim „Central Park Be-in" im April 1968 in San Francisco

Tanzende Frau auf einem Rockfestival Ende der 1960er-Jahre in Frankfurt am Main

Jugendliche 1968 im Berliner Tanzlokal Cheetah

Jugendliche auf einem Open-Air-Festival 1970 in Hamburg

Ausgabe der Satirezeitschrift *Pardon* vom September 1968

Szene aus *Dein Mann - das unbekannte Wesen* (1969), dem fünften Teil der Aufklärungsfilme von Oswalt Kolle

Beate Uhses „Fachgeschäft für Ehehygiene" in Hamburg, Mitte der 1960er-Jahre

Fotohappening in Wien, 1971

„Das Private ist politisch!" - Mitglieder der Kommune I, darunter Dieter Kunzelmann und Rainer Langhans, stellen nach den Ausschreitungen um den Schah-Besuch 1967 nackt eine polizeiliche Durchsuchungsaktion dar.

Der Berliner Aktivist und Kommunarde Fritz Teufel (r.) gemeinsam mit den Kindern Nasser (auf seinem Schoß) und Grischa Hemmer sowie dem Kommune-Mitglied Wolfgang (l.)

Jugendliche im Minikleid 1967 im
Central Park in New York

Zwei junge Frauen 1967 mit Minirock und Blumen im Haar vor einem Polizisten in der Londoner Downing Street

Go-Go-Girls Ende der 1960er-Jahre auf der Düsseldorfer Teenage-Fair in Hotpants

Die Erfinderin des Minirocks, Mary Quant
(mit dunkelrotem Kleid), 1967 mit ihren Models

Mit den Schlaghosen kamen auch die Plateauschuhe in Mode. Werbung von
Schuhmode Servas in der Zeitschrift *twen*, München, März 1970

Frauen in Schlaghosen vor dem Kontrollratsgebäude am Kleistpark in Berlin-Schöneberg

Gern gesehen war die Mode der jungen Leute nicht überall: Dieses Nürnberger Restaurant wies Bluejeansträger schon an der Eingangstür ab.

Ihre Zeit verbrachten die „Gammler" ohnehin lieber draußen unter freiem Himmel, wie diese Jugendlichen um 1970 in der Münchner Leopoldstraße.

„Gammler" verteilen im August 1967 Blumen auf dem Georgsplatz in Hannover.

Jugendliche in Amsterdam mit einem Joint, Anfang 1970er-Jahre

Jugendliche in den 1960er-Jahren auf dem Piccadilly Circus in London

Das besetzte Haus KuKuK am Anhalter Bahnhof in West-Berlin, 1982

ZWISCHEN TERRORISMUS UND INTEGRATION: DIE BEWEGUNG ZERSPLITTERT

1969 sollte eigentlich das Jahr des revolutionären Generalangriffs auf das etablierte „System" werden, so hatten sich das zumindest manche der radikalen Studentenführer gedacht. Doch das Gegenteil trat ein. Im Jahr nach 1968 sah sich die Studentenbewegung immer weiter in die Defensive gedrängt. Viele Studenten wandten sich ab, Intellektuelle gingen auf Distanz, unter den Aktivisten griff eine allgemeine Orientierungslosigkeit um sich und die ständige Kampfbereitschaft ermüdete. 1969 setzte ein Prozess der Zersplitterung ein. Als sich der SDS im Februar 1970 schließlich auflöste, verschwanden die Forderungen, Vorstellungen und revolutionären Träume der Studentenbewegung zwar nicht einfach – tatsächlich kam es zunächst sogar zu einer Ausweitung des „Kampfes", wie es der SDS noch gehofft hatte –, man begann allerdings getrennt zu marschieren und hatte auch nicht immer dieselben Ziele; manchmal waren sie sogar gegensätzlich.

Nach den Ereignissen von 1968 war eine wichtige Frage die nach der Gewalt. Schon damals hatte es Diskussionen um eine aktive Stadtguerilla gegeben. Diesen Faden nahm eine kleine gewaltbereite Gruppe nun wieder auf. Der Beginn liegt im ereignisreichen April 1968. Wenige Tage vor den „Osterunruhen", am 2. April, hatte eine vierköpfige Gruppe, unter ihnen Andreas Baader und Gudrun Ensslin, in Frankfurt Brandanschläge auf zwei Kaufhäuser verübt. Es gab keine Verletzten, aber es entstand Sachschaden. Die Gruppe wurde rasch gefasst und

die Täter zu je drei Jahren Freiheitsstrafe verurteilt. Die vier kannten sich aus gemeinsamen Aktivitäten in der APO in Berlin. Die eigentliche Geburtsstunde der Roten Armee Fraktion (RAF), wie sich die Gruppe bald nannte, war die Befreiung Baaders durch die Journalistin Ulrike Meinhof im Mai 1970 in Berlin. Die „Baader-Meinhof-Gruppe", wie sie anfangs bezeichnet wurde, tauchte unter und begann ihren terroristischen Kampf gegen die Bundesrepublik. Die von ihnen in den 1970er- und 1980er-Jahren verübten Attentate – darunter die Entführung und Ermordung von Arbeitgeberpräsident Hanns Martin Schleyer im Herbst 1977 – zählen zu den dunkelsten Momenten der westdeutschen Geschichte.

Politisch radikal Linke sammelten sich in der auf Betreiben der SED gegründeten Deutschen Kommunistischen Partei (DKP), die an die 1956 verbotene KPD anknüpfte. Der DKP-nahe Marxistische Studentenbund Spartakus brachte es in seinen besten Zeiten auf 4500 Mitglieder, die offizielle DKP-Jugendorganisation, die Sozialistische Deutsche Arbeiterjugend, auf gut 8000. Das waren weitaus größere Zahlen, als sie der SDS zu seinen Hochzeiten vorweisen konnte. Hinzu kamen die maoistische KPD/AO (Aufbauorganisation) sowie verschiedene „K-Gruppen", darunter der Kommunistische Bund Westdeutschland. Erst in dieser Phase wurde aus der antiautoritären Jugendbewegung letztlich eine Massenbewegung – insgesamt lag die Zahl der Mitglieder der verschiedenen linksrevolutionären und kommunistischen Organisationen bei 80 000 bis 100 000, wobei man aufgrund einer hohen Fluktuation in den 1970er-Jahren sogar von noch größeren Zahlen ausgehen kann. Allerdings reichte der Einfluss dieser Gruppen – anders als jener des SDS – kaum über die eigene organisierte Mitgliederschaft hinaus.

Auf der anderen Seite des Spektrums standen viele, die sich auf den bereits von Rudi Dutschke 1967 propagierten „Marsch durch die Institutionen" machten. Vor allem die SPD erhielt großen Zulauf, nachdem sie gemeinsam mit einer nach links gerückten FDP im Herbst 1969 die erste sozial-liberale Koalition bildete. Willy Brandts Aufforderung in seiner Regierungserklärung, „Wir wollen mehr Demokratie wagen", zog viele junge Menschen, die 1967/68 von der Studentenbewegung beeinflusst waren, in die SPD. Sie hatten die Hoffnung, hier etwas bewegen zu können. Wieder breitete sich unter ihnen eine Aufbruchstimmung aus, diesmal aber wollten sie im „System" mitarbeiten, nicht dagegen. Für die SPD hatte der große Mitgliederzufluss nicht nur positive Folgen. Sie entwickelte sich zunehmend weiter weg von der klassischen Arbeiterpartei hin zu einer Akademikerpartei. Das frische Blut von links sollte zudem in den kommenden Jahren für viele Aufwallungen sorgen, denn die nunmehrigen Parteimitglieder hatten ihre Forderungen nach grundsätzlichen Änderungen nicht einfach im Tausch gegen das Parteibuch aufgegeben. Dennoch zeigt gerade der Zufluss der kritischen, zumeist akademischen Jugend in die neue Regierungspartei, über welch große Integrationskraft die demokratische Mehrheitsgesellschaft der Bundesrepublik der 1970er-Jahre verfügte.

Daneben entwickelten sich neue soziale Bewegungen, deren Ursprünge ebenfalls im Wirken und Denken der 68er zu sehen sind, die aber jeweils ihre speziellen Interessen verfolgten. Die meisten von ihnen wiesen Berührungspunkte und Überschneidungen mit anderen auf, und zwar sowohl inhaltlicher wie personeller Art. Eine dieser Bewegungen entstand allerdings aus einem Gegensatz zu den doch stark von Männern dominierten 68ern: die neue Frauenbewegung. Links zu sein bedeutete noch lange nicht, auch frei zu sein von chauvinistischen Einstellungen. Das zeigte deutlich die Realität der angeblich so liberalen Kommune I: Die wenigen Frauen, die dort mitmachten, fühlten sich schon nach kurzer Zeit von den Männern missachtet –

„freier Sex" war aus Männersicht offenbar nicht das Gleiche wie aus Sicht der Frauen. So wuchs die Kritik der 68erinnen stetig, bis sie ihr schließlich öffentlich Ausdruck verliehen. Der Fokus der ab etwa 1970 entstehenden neuen feministischen Frauenbewegung lag klar auf dem Kampf gegen das traditionelle Rollenverständnis, dem Frauen wie Männer in der Gesellschaft unterlagen, für gleiche Rechte und Möglichkeiten auf allen Gebieten – etwa den Zugang zu guten Arbeitsstellen bei gleicher Bezahlung oder zu verantwortlichen Positionen in Politik und Wirtschaft. Ein Höhepunkt wurde bald der Kampf um den Abtreibungsparagrafen 218. Alice Schwarzer gab mit der von ihr gegründeten feministischen Zeitschrift *Emma* vielen – wenngleich nicht allen – Frauen eine Stimme. Der Feminismus wurde zweifellos zu einer der wirkmächtigsten Bewegungen, die sich aus den 68ern entwickelten, wiewohl der schon seit langer Zeit ausgetragene Kampf um die Rechte der Frau durchaus keine „Erfindung" von 1968 war.

Das galt, in viel geringerem Maße, ebenso für die Homosexuellen. Die Schwulen- und Lesbenbewegung entstand so, wie sie sich ab 1969 entwickelte, tatsächlich aus den Forderungen der Studenten in vielen westlichen Ländern nach sozialer Veränderung. Ihr Ursprung liegt wie jener der Studentenbewegung überhaupt in den USA, genauer gesagt in New York. Im Juni 1969 wehrten sich bei einer Razzia in einer Bar an der Christopher Street Homosexuelle gegen die ständigen Schikanen durch die Polizei. Die gewaltsamen Auseinandersetzungen waren der Ausgangspunkt für eine Entwicklung, die in den 1970er- und 1980er-Jahren immer mehr westliche Gesellschaften erfasste. Noch heute erinnern daran Veranstaltungen wie der *Christopher Street Day* oder *Gay-Pride*-Paraden, die alljährlich in vielen Städten weltweit stattfinden. Wie für die Flower-Power-Bewegung und die 68er spielte auch für die Homosexuellen Musik eine wichtige Rolle beim Kampf um gleiche Rechte. In den 1970er-Jahren war die Discomusik eine Ausdrucksform, in den 1980er-Jahren folgten dann Gruppen wie Frankie Goes to Hollywood oder Künstler wie Freddy Mercury und Jimmy Somerville, die offen zu ihrer Homosexualität standen. Die Schwulenbewegung erlitt in den 1980er-Jahren schwere Rückschläge durch die damals unweigerlich tödliche Immunschwäche AIDS, die nicht nur viele Aktivisten dahinraffte, sondern die ganze Szene extrem verunsicherte. Heute sind in vielen Ländern gleichgeschlechtliche Ehen erlaubt, auch Deutschland hat ein entsprechendes Gesetz eingeführt.

Schließlich entwickelten sich Gruppen, die für eine neue, fundamental unterschiedliche Politik eintraten, sich aber anders als die kommunistischen Splittergruppen nicht der demokratischen Gesellschaft verweigerten. So entstanden seit Anfang der 1970er-Jahre Umweltgruppen, die eine radikale Umkehr der von Kapitalismus und Marktwirtschaft dominierten Politik und Wirtschaft forderten, da für sie die Umwelt, die durch die Industriegesellschaft bereits viele Schäden erlitten hatte, auf anderem Wege nicht gerettet werden konnte. Daraus erwuchs auch die Anti-Atomkraft-Bewegung. Der Kampf gegen die Atomkraft nahm teilweise drastische Züge an, wie beispielsweise die Auseinandersetzungen um das Atommülllager Gorleben oder die Castor-Transporte nach Frankreich zeigen. Eng verbunden mit der Anti-Atomkraft- und der Umwelt-Bewegung war die Friedensbewegung, die sich im Zuge des NATO-Doppelbeschlusses von 1979 bildete, der seinerseits als Antwort auf die Aufrüstung der Sowjetunion mit SS-20-Rakten konzipiert war. Als die Rufe nach mehr Umwelt- und Klimaschutz und dem Ende der Atomkraft immer lauter wurden und zugleich immer mehr Friedensaktivisten sich von der SPD und ihrem Bundeskanzler Helmut Schmidt (dem Initiator des NATO-Doppelbeschlusses) nicht mehr angesprochen fühlten, mündeten die Bewegungen Anfang 1980 in einer neuen politischen Partei: den Grünen. Die Partei war zunächst nicht nur von 68ern und ihren ideologischen Nachfolgern beherrscht, sondern ebenso von anderen Gruppen, die sich teilweise weit im rechten Spektrum befanden. Doch nach heftigen internen Auseinandersetzungen gewannen die linken Kräfte die Oberhand. Ein großer Teil dieser linken Kräfte hatte den effektiven Kampf um die Mehrheit in den K-Gruppen gelernt. Nicht wenige Mitglieder jener Gruppen zogen zu den Grünen weiter, weil sie die Chance erkannten, über die Umwelt- und Friedenspolitik an eine größere Anhängerschaft zu kommen. Manche von ihnen verließen die Grünen später wieder, andere stiegen hingegen bis in hohe Regierungsämter auf, wie der frühere Bundesumweltminister Jürgen Trittin oder

der Ministerpräsident von Baden-Württemberg, Winfried Kretschmann. Schon bei der vorgezogenen Bundestagswahl 1983 schafften die Grünen den Sprung in den Bundestag. Die 68er und ihre Adepten waren damit im höchsten deutschen Parlament angekommen. Für viele Menschen bis weit in die Reihen der SPD-Anhänger stellten die Abgeordneten mit den langen Haaren und rauschenden Bärten und die Parlamentarierinnen mit dem Strickzeug – der „Atomkraft? Nein Danke"-Aufkleber war immer dabei – wieder einen echten Bürgerschreck dar. Den Grünen gelang es jedoch, sich als feste Größe im deutschen Parteienspektrum festzusetzen. Und mehr noch: Sie wurden zum Vorbild für vergleichbare Umweltparteien in anderen Ländern.

Zu den weiteren Bewegungen, die auf die Studentenrevolte zurückzuführen sind, gehört neben den zahlreichen Dritte-Welt-Gruppen, die sich in den 1970er-Jahren gründeten, nicht zuletzt auch die Hausbesetzerszene, die gegen Immobilienspekulanten kämpfte. Mit gewalttätigen Aktionen wie in der Hamburger Hafenstraße oder in Berlin-Kreuzberg verlor sie allerdings bald die anfangs in großen Teilen der Bevölkerung gewonnenen Sympathien. Nicht selten eskalierten die Kämpfe zu Stellvertreterkriegen gegen den „Kapitalismus" im Allgemeinen.

Am Ende kam es statt der erhofften Weltrevolution also zu einer Zersplitterung der 68er-Bewegung in spezielle Interessengruppen, zu linkem Sektierertum oder zum Kampf um politische und gesellschaftliche Reformen. Es scheint fast, als hätten die Beatles diese Entwicklung vorausgesehen. In ihrem Song *Revolution* hieß es:

> *You say you want a revolution*
> *Well, you know*
> *We all want to change the world*
> *You tell me that it's evolution*
> *Well, you know*
> *We all want to change the world.*
>
> *But when you talk about destruction*
> *Don't you know that you can count me out*

Das Lied stammte vom *White Album* und wurde am 22. November 1968 veröffentlicht, rund zwei Wochen nach der Schlacht am Tegeler Weg.

Die Verkaufsräume des Frankfurter Kaufhauses Kaufhof am 3. April 1968 nach dem Brandanschlag der späteren RAF-Terroristen Andreas Baader und Gudrun Ensslin

Baader und Ensslin bei der Eröffnung des Kaufhausprozesses vor dem Landgericht Frankfurt am Main am 14. Oktober 1968

Anarchistische Gewalttäter
– Baader/Meinhof-Bande –

Wegen Beteiligung an Morden, Sprengstoffverbrechen, Banküberfällen und anderen Straftaten werden steckbrieflich gesucht:

Meinhof, Ulrike,
7. 10. 34 Oldenburg

Baader, Andreas Bernd,
6. 5. 43 München

Ensslin, Gudrun,
15. 8. 40 Bartholomae

Meins, Holger Klaus,
26. 10. 41 Hamburg

Raspe, Jan-Carl,
24. 7. 44 Seefeld

Stachowiak, Ilse,
17. 5. 54 Frankfurt/M.

Jünschke, Klaus,
6. 9. 47 Mannheim

Augustin, Ronald,
20. 11. 49 Amsterdam

Braun, Bernhard,
25. 2. 46 Berlin

Reinders, Ralf,
27. 8. 48 Berlin

Barz, Ingeborg,
2. 7. 48 Berlin

Möller, Irmgard,
13. 5. 47 Bielefeld

Mohnhaupt, Brigitte,
24. 6. 49 Rheinberg

Achterath, Axel,
15. 4. 35 Hannover

Hammerschmidt, Katharina,
14. 12. 43 Danzig

Keser, Rosemarie,
24. 8. 47 Ebersberg

Hausner, Siegfried,
24. 1. 52 Selb/Bayern

Brockmann, Heinz,
1. 3. 48 Gütersloh

Fichter, Albert,
18. 12. 44 Stuttgart

Für Hinweise, die zur Ergreifung der Gesuchten führen, sind insgesamt **100 000 DM** Belohnung ausgesetzt, die nicht für Beamte bestimmt sind, zu deren Berufspflichten die Verfolgung strafbarer Handlungen gehört. Die Zuerkennung und die Verteilung erfolgen unter Ausschluß des Rechtsweges.

Mitteilungen, die auf Wunsch vertraulich behandelt werden, nehmen entgegen:

Bundeskriminalamt – Abteilung Sicherungsgruppe –
53 Bonn-Bad Godesberg, Friedrich-Ebert-Straße 1 – Telefon: 02229 / 53001
oder jede Polizeidienststelle

Vorsicht! Diese Gewalttäter machen von der Schußwaffe rücksichtslos Gebrauch!

Fahndungsplakat des Bundeskriminalamts zur Baader-Meinhoff-Gruppe, 1972

Mit seiner Forderung nach mehr Demokratie gewann der neu gewählte Bundeskanzler Willy Brandt viele der 68er für die SPD.

Das Präsidium der DKP während ihrer ersten Bundeskonferenz am 27. Oktober 1968 in Offenbach

7. Kongress des DKP-nahen Marxistischen Studentenbunds Spartakus am 3. Oktober 1981 in Bremen

Am 6. März 1983 zog die bunte Truppe der Grünen erstmals in den Bundestag ein.

Karl Kerschgens (l.) und Dietrich Wilhelm Plagemann beim Gründungsparteitag der Grünen
am 12. Januar 1980 in Karlsruhe

Grünensprecherin Petra Kelly bei der Blockade des amerikanischen
Raketendepots am 1. September 1983 in Mutlangen

Räumung des Anti-Atom-Dorfes in Gorleben am 4. Juni 1980: Umweltschützer hatten die Bohrstelle 1004 auf dem Gelände der geplanten Atom-müll-Lagerstätte besetzt.

Atomkraftgegnerin bei der Räumung des Hüttendorfes in Gorleben

Umweltaktivisten in einem Hüttendorf auf dem Baugelände der umstrittenen Startbahn 18 West für den Rhein-Main-Flughafen, Herbst 1981

Eine Demonstrantin wird von der Polizei vom Baugelände an der Startbahn West getragen.

Frauen demonstrieren am 7. März 1971 in London für ihre Rechte.

Ein Mitglied der Women's Liberation Party wirft im September 1968 aus Protest gegen die Miss-America-Wahl in Atlantic City, New Jersey, einen BH in den Mülleimer.

Zwei Mitglieder der niederländischen Frauenbewegung Dollen Minnas pfeifen im Februar 1970 auf einer Straße in Amsterdam männlichen Passanten hinterher.

Frauen demonstrieren im Mai 1971 in Wien für Gleichberechti-
gung und das Recht auf Abtreibung.

Aus Protest gegen den Abtreibungsparagrafen 218 ketten sich im Februar 1975 zehn Frauen vor dem
Bundesverwaltungsgericht in der Berliner Innenstadt an den Zaun.

3 Mark
Februar 1977

Frankreich ffr. 7,00 – Dänemark dkr. 10,00 – Italien L. 1200 – Luxemburg fr. 52,00 – Niederlande hfl. 3,80 – Österreich öS 25,00 – Portugal Esc. 45,00 – Schweden skr. 6,50 – Schweiz sfr. 3,30 – USA/Canada/Übersee $ 1,75

Emma

Zeitschrift für Frauen von Frauen

Alice Schwarzer über Männerjustiz

Romy Schneider: Ich bin es leid, zu lügen!

Hausfrauen und ihre arbeitslosen Männer...

Vietnam – Moderne Amazonen

Cover der ersten *Emma*-Ausgabe vom Februar 1977 mit der Herausgeberin Alice Schwarzer

Gay Demo in New York,
1980

Über 1000 Männer protestieren am 28. Juli 1979 in Frankfurt am Main gegen die Diskriminierung von Homosexuellen.

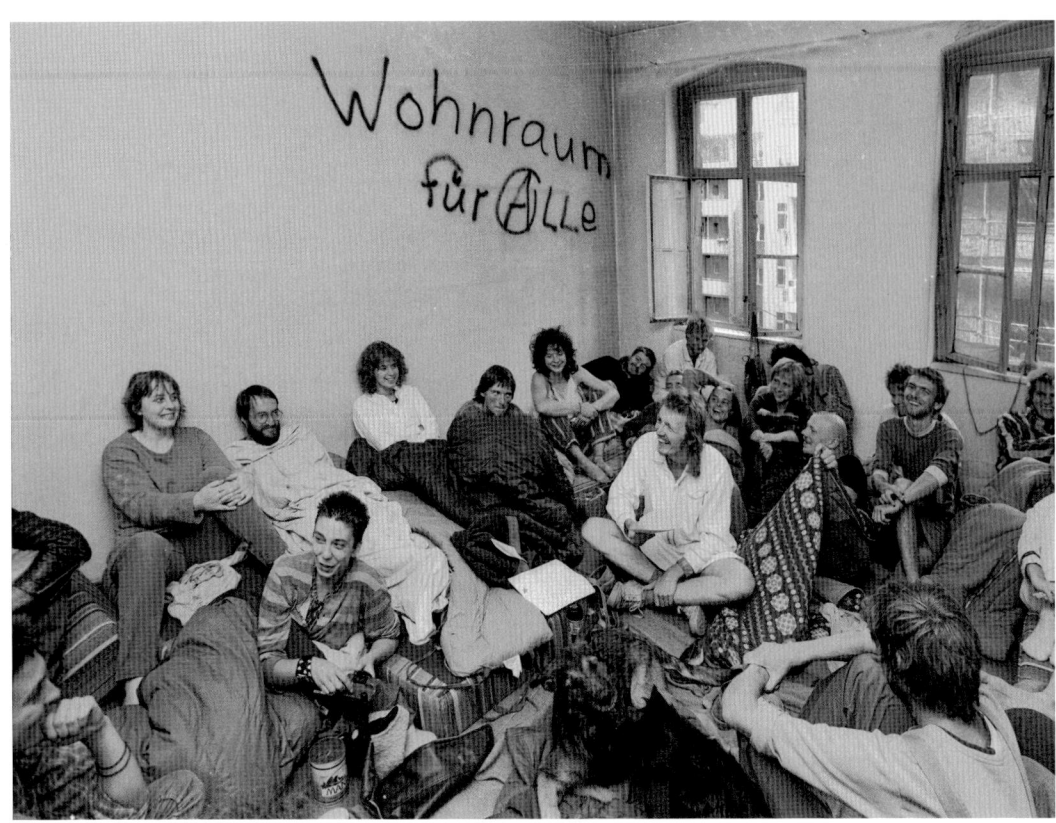

Hausbesetzer in der Danckelmannstraße in Berlin-Charlottenburg, 1983

Sympathisanten der sogenannten Instandbesetzung warten am 22. September 1981 auf dem Balkon eines besetzten Hauses in der Bülowstraße in Berlin-Schöneberg auf die Polizei, die auf Anordnung des Innensenators das Gebäude räumen soll.

Blick auf eine wilde Wohn- und Bauwagenkolonie in der Hamburger Hafenstraße, 1989

IMPRESSUM

Abbildung S. 99: © Thomas Hesterberg/Süddeutsche Zeitung Photo
Abbildung S. 123: © picture-alliance/EMMA/www.emma.de
Alle anderen Abbildungen: © picture-alliance, Frankfurt am Main

Der Palm Verlag ist ein Imprint des Elsengold Verlages.

© Elsengold Verlag GmbH, Berlin 2017

Gestaltung und Satz: Felgner & Zierke, Berlin

Printed in Slovenia

ISBN 978-3-944594-83-5